INVADIRAM MINHA COZINHA

NACIONAL

INVADIRAM MINHA COZINHA

RECEITAS HISTÓRICAS DO

PARIS6

DESDE 2006

ISAAC AZAR

Diretor-presidente:
Jorge Yunes
Publisher:
Claudio Varela
Editora:
Bárbara Reis
Editorial:
Maria Beatriz Avanso
Julianne Gouvea
Design editorial:
Vanessa S. Marine
Isabella Teixeira
Suporte editorial:
Nádila Vanessa
William Sousa
Marketing:
Carolina Bessa
Daniel Moraes
Bruna Borges
Vitória Costa
Direitos autorais:
Leila Andrade
Coordenadora comercial:
Vivian Pessoa

Paris 6: Invadiram minha cozinha

1ª edição — São Paulo

Revisão:
Bia Nunes de Sousa e Laura Vecchioli do Prado
Capa, projeto gráfico e diagramação:
Vanessa S. Marine
Fotografias de capa e miolo:
Thati Bione

DADOS INTERNACIONAIS DE CATALOGAÇÃO NA PUBLICAÇÃO (CIP)
DE ACORDO COM ISBD

A992p Azar, Isaac
Paris 6: Invadiram minha cozinha: receitas históricas do Paris 6 desde 2006 / Isaac Azar. - São Paulo : Companhia Editora Nacional, 2025.
160 p. ; 21cm x 28cm.

ISBN 978-65-5881-278-4
ISBN 978-65-5881-279-1 (E-book)

1. Gastronomia. 2. Receitas. 3. Paris 6. I. Título.

2025-3606 CDD 641
CDU 641

Elaborado por Vagner Rodolfo da Silva - CRB-8/9410

Índice para catálogo sistemático:
1. Gastronomia 641
2. Gastronomia 641

Rua Gomes de Carvalho, 1306 - 11º andar - Vila Olímpia
São Paulo - SP - 04547-005 - Brasil - Tel.: (11) 2799-7799
editoranacional.com.br - atendimento@grupoibep.com.br

DEDICO ESTA OBRA AO MEU
GRANDE AMOR, MINHA SÓCIA
AFETIVA EM TODAS AS
COZINHAS DA VIDA, MINHA
AMADA ESPOSA, CAROL.

PA
PARIS 6 CLASSIQU
ABERTO
24H

RIS 6
PARIS
CULTURA & GASTRONOMIA
ALMOÇO
do Chef

INTRODUÇÃO

Escolher a Gastronomia como profissão despertou diferentes opiniões na família. Meu pai, imigrante do Egito no final da década de 1950 e com sua vasta tradição de comerciante, considerava insano trocar minha posição estável na empresa familiar por um negócio inteiramente novo e sobre o qual eu não tinha qualquer domínio de gestão. Sim, até 2004, eu não possuía nenhuma relação direta com o maravilhoso mundo dos restaurantes – a não ser como grande fã. Ser fã de algo, contudo, não é elemento suficiente para empenhar o futuro de um profissional já em atividade. Vale dizer que até 2003, aos 32 anos, toda a minha trajetória comercial havia sido traçada no Grupo Carrera, a tal empresa da família. E a minha função? Trocando em miúdos, era um vendedor de carros que havia abandonado a faculdade de Direito da USP, recém-formado em Administração de Empresas pela FAAP. Como se por um estalo, parafraseando Rita Lee, "um belo dia resolvi mudar", mergulhei de cabeça em uma nova carreira, totalmente diferente, à qual me dediquei ao longo dos últimos 20 anos e me dedico até hoje. Mas aquela guinada gerou diferentes reações familiares.

Meu pai era contrário à minha nova empreitada. O que de certa forma parecia ser completamente compreensível. Possuir uma condição financeira estável e trabalhar com meus irmãos era a combinação perfeita para minha situação familiar. Em 2003 nascera minha segunda filha, Catherine. A primeira, Sophie, havia nascido dois anos antes, em 2001. Qual pai – com certeza, não o meu – desejaria ver seu filho, com dois bebês em casa, iniciando sua nova família, dar uma virada total de mesa quanto à sua carreira? Seu conservadorismo, contudo, opunha-se totalmente à sua história. E talvez por isso fizesse sentido. Quando chegou ao Brasil, sozinho e sem recursos, ele soube o que era começar do nada e se reinventar. Ele não desejava para mim as mesmas incertezas que experimentara décadas antes.

Se meu pai era contrário à minha entrada na Gastronomia, minha mãe e minha tia Bertha (irmã da minha mãe) viam a mudança com grande entusiasmo. De origem polonesa, meus avós maternos migraram para o Brasil na década de 1930, fugidos do crescente antissemitismo europeu. Meus bisavós, por parte da família da minha avó, por lá ficaram. Na Polônia antes da guerra, eles possuíam uma indústria de doces. Uma tradição que seguiu adiante por meio da minha avó, uma exímia cozinheira, e de suas filhas – minha mãe e minha tia –, que serviram e ainda servem como inspiração para algumas das minhas criações na cozinha.

Esse modelo inspiracional, contudo, data de muito antes, ainda nos meus tempos de pré-escola. Na época, o bairro do Morumbi, onde morávamos, era praticamente inabitado. Para se ter uma ideia, a nossa rua não era asfaltada. Era de pedra. Nossa casa nem possuía portões altos. Não passavam de 90 cm de altura.

A casa havia sido construída pelo meu pai, afastada do restante da família. Minha mãe era encarregada de se ocupar dos meus irmãos e de mim. Eu, o terceiro de quatro filhos, possuía lá minhas particularidades. Diferente dos outros três, ficava encantado em ver minha mãe cozinhando para nós. Nos dias em que ela fazia bife de fígado, então, eu era pura alegria. Meus irmãos me olhavam atônitos. Que moleque era esse que gostava de comer bife de fígado malpassado, grelhado com cebolas? Certo dia, na pré-escola do Colégio Porto Seguro, onde eu estudava, a Dona Júlia, minha primeira professora, pediu aos meus colegas e a mim que fizéssemos um desenho em nossos cadernos, retratando a vida em família. Dias depois, quando entreguei meu caderno, a Dona Júlia reagiu com preocupação. Ao ver o desenho de uma mulher com uma panela em uma mão e segurando uma criança na outra mão, ela me perguntou quem era aquela criança. Respondi o que parecia óbvio. Era eu. Na sequência, nitidamente incomodada, me perguntou por que eu desenhara uma cozinheira, e não a minha família. Foi então que respondi: aquela mulher com a panela era a minha mãe, *dentro da minha cozinha*.

Passadas três décadas, o mundo da cozinha passou a ser o meu ganha-pão. Depois do bem-sucedido AZAÏT, meu primeiro restaurante, aberto em 2004 e que em 2005 conquistou o segundo lugar, pela *Revista Gula*, de Melhor Restaurante Contemporâneo de São Paulo, atrás apenas do DOM, de Alex Atala, em setembro de 2006 inaugurei o PARIS 6. Ambos foram concebidos extrapolando o conceito dos restaurantes da época. Eu sempre dizia – e por vezes era malfalado pelos críticos gastronômicos – que um restaurante possui uma função potencialmente educativa. E quando digo educativa, refiro-me sobretudo à cultura. Para mim, muito além da comida – que indubitavelmente deve ser exímia – muito além da manifestação ou dos gostos de um chef ou de um *restarateur*, muito além de tudo, está a oportunidade intrínseca de um restaurante levar conhecimento ao público. Através do AZAÏT, propus-me a introduzir no Brasil a cultura do azeite de oliva de alta qualidade e de suas origens mediterrâneas. Não tirei isso da minha cabeça. Muito pelo contrário. Entre sair do Grupo Carrera e abrir o AZAÏT, iniciei uma grande peregrinação em busca de produtores de azeite. No final dessa imersão de mais de quatro anos, eu havia visitado produções na Espanha, França, Itália, Grécia, Turquia, Israel, Tunísia, Marrocos, Estados Unidos, Califórnia, Chile, Argentina, e também uma produção experimental no Brasil, em Maria da Fé, Minas Gerais, antes de nos tornarmos, de fato, um país produtor de azeites. Foi durante essa longa caminhada que me diplomei como o primeiro *assaggiatore* de azeite de oliva formado pela ONAOO, a Organizzazione Nazionale Assaggiatori Olio di Oliva. O AZAÏT ia além de uma culinária específica. Pela primeira vez via-se no Brasil um restaurante construído não apenas a partir da cozinha, mas, sobretudo, a partir da cultura. Nascia a expressão que assino ainda hoje no PARIS 6: "Cultura e Gastronomia, por Isaac Azar".

Dois anos depois do AZAÏT, ao meu estilo, concebi e inaugurei o meu segundo restaurante. O novo projeto apresentava a São Paulo o conceito cultural e a ambientação das antigas brasseries e dos antigos cafés da boêmia Paris e se tornaria vanguarda entre os restaurantes conceituais, quebrando paradigmas. Nesse novo espaço, artistas e clientes compartilhavam o mesmo ambiente. Uma *ambiance*, diga-se de passagem, que parecia haver sido tirada de um livro de Ernest Hemingway, *Paris é uma festa*, onde as luzes baixas e a decoração de época davam vida – e ainda dão – a uma Paris que não existe mais, a não ser nesse refúgio atemporal chamado PARIS 6. Mas por que o nome PARIS 6? Em poucas palavras: ele se refere ao sexto distrito da capital francesa, o *6ème arrondissement*, também conhecido como Paris *6ème*. Ou, simplesmente, Paris 6. Por que, então, o sexto distrito como referência? Essa é uma pergunta com resposta muito mais interessante. Ela, a resposta, remonta a 1686, quando o italiano Francesco Procopio inaugurou o Le Procope, o primeiro café literário da França. Também sob luzes baixas, lustres e espelhos, o Le Procope recebia, entre seus clientes, filósofos, escritores, artistas e revolucionários, como Voltaire, Rousseau, Robespierre e Napoleão Bonaparte. Após mais de 300 anos, o icônico café literário ainda vive, localizado sempre no mesmo endereço, no número 13 da Rue de l'Ancienne Comédie, no coração do hoje pulsante *Paris 6ème*. Ao longo dos séculos seguintes, o *Paris 6ème* tornou-se a referência, dando luz a famosos cafés e brasseries históricos da cidade, como a Brasserie Lipp e o Café de Flore, duas grandes inspirações para o PARIS 6, além do Le Procope e desse distrito, com todo o seu charme.

Contudo, além dessas referências históricas importantes, um elemento em especial tornou-se marca característica do PARIS 6. Hoje, quando se pergunta sobre restaurantes com pratos com nome de famosos, 9 a cada 10 pessoas vão responder: PARIS 6. Essa, por mais incrível que pareça, também é uma alusão à história gastronômica – e, portanto, cultural – de Paris. Assim como grandes chefs do passado parisiense – como Marie-Antoine Carême e Auguste Escoffier – homenageavam criações suas com nomes conhecidos da época, que de certa forma relacionavam-se com eles, adotei essa mesma tradição no PARIS 6 a partir de 2007. Naquele ano, a peça *Um certo Van Gogh* estava em cartaz no Teatro Folha, em São Paulo. Como protagonista, Bruno Gagliasso interpretava com maestria o pintor. As semelhanças físicas assumidas pelo ator para o papel eram incríveis. Assisti ao espetáculo uma dezena de vezes. Bruno já se tornara meu amigo. À época, os pratos do PARIS 6 levavam nome de brasseries, cafés e bistrôs de Paris. O prato favorito de Bruno era um arroz com camarões à provençal – não me lembro em homenagem a qual restaurante parisiense. Fato é que Bruno tinha paixão por aquele prato. À época, também, estávamos no PARIS 6 com uma grande exposição da peça de Bruno, que passamos a apoiar. Associando uma coisa a outra, ele veio com uma excelente ideia: "Em vez do arroz com camarões à provençal levar o nome de um restaurante de Paris, por que não levar o nome da minha peça?". Mais um estalo em minha vida. A ideia me fez lembrar a de Escoffier e Carême. Respondi com uma pergunta: "E se, em vez de levar o nome de sua peça, o prato levasse o seu nome?". Pareceria ousadia aludir a esses dois grandes chefs, mas a ideia reformulada sobre a sugestão original de Bruno pegou, e o "Riz à la provençale et crevettes à Bruno Gagliasso" tornou-se o primeiro de muitos pratos de sucesso a seguir a antiga tradição dos grandes chefs de homenagear os amigos do meio cultural. Hoje, relembrando todas as centenas de homenagens que já fiz, cada uma delas me traz uma ocasião especial, uma memória boa, uma história interessante para se contar. Quem sabe não seja esse o tema para um novo livro? Mas, antes dele, temos o atual, retratando em fotos e receitas o momento em que cada um desses homenageados invadiu, de certa forma, a minha cozinha. Obviamente, a escolha do título do livro não poderia ser mais fácil. INVADIRAM MINHA COZINHA com certeza será lançado em futuros volumes, com mais pratos e mais homenageados, invasores de cozinha. Contudo, quando me perguntam quem foi a primeira pessoa a invadir minha cozinha, a resposta é fácil. Não foi o Bruno Gagliasso. Eu já havia desenhado e explicado à Dona Júlia aos meus 6 anos. A primeira pessoa a invadir minha cozinha, cozinhava todos os dias para mim, com muito amor e muita dedicação. A primeira pessoa a invadir minha cozinha foi a minha mãe. E isso aconteceu em algum dia da minha infância, quando me apaixonei pela cozinha da casa dos meus pais, e passei a chamá-la de minha, a minha cozinha!

Isaac Azar

PARIS

SUMÁRIO

MOLHOS VERSÁTEIS

ENTRADAS

PRATOS PRINCIPAIS

SOBREMESAS

MOLHOS VERSÁTEIS

MOLHO BECHAMEL

INGREDIENTES

- 2 xícaras de leite integral
- ½ cebola branca
- 1 folha de louro
- 2 colheres de sopa rasas de manteiga sem sal
- 2 colheres de sopa cheias de farinha de trigo
- Noz-moscada moída a gosto
- 2 unidades de cravo
- Sal a gosto

PREPARO

Descasque a cebola e corte-a ao meio no sentido do comprimento. Coloque uma folha de louro sobre uma metade de cebola cortada e finque a folha com 2 cravos (cebola piqué). Aqueça o leite em fogo baixo, com a cebola piqué, e deixe aromatizar por aproximadamente 15 minutos sem deixar o leite ferver. Em outra panela, derreta a manteiga e acrescente a farinha. Adicione o leite aos poucos. Por fim, deixe levantar fervura mexendo sempre até que cozinhe bem, por aproximadamente 10 minutos. Tempere com sal e noz-moscada.

MOLHO BÉARNAISE

INGREDIENTES

- 5 g de estragão
- 20 ml de vinho branco
- 3 gemas
- 1 colher de sopa de suco de limão-taiti (ou vinagre branco suave)
- 150 g de manteiga sem sal (derretida e morna)
- Sal a gosto
- Pimenta-branca ou pimenta-de-caiena (opcional)

PREPARO

Em uma panela, deglaceie o estragão no vinho branco. Reserve. Aqueça uma panela com um pouco de água e encaixe uma tigela (de vidro ou inox) sobre ela, sem que o fundo da tigela toque a água. Mantenha o fogo baixo. Bata as gemas. Coloque as gemas e o suco de limão na tigela. Bata com um *fouet* (batedor de arame) até formar uma mistura clara e espessa. Aos poucos, vá adicionando a manteiga derretida em fio, sempre batendo vigorosamente. O molho deve engrossar conforme a manteiga emulsifica com as gemas. Adicione sal a gosto e, se desejar, uma pitada de pimenta-branca ou caiena. Por fim, junte a mistura do estragão com o vinho branco. Sirva sobre carnes em geral.

MOLHO DE GORGONZOLA

INGREDIENTES

- 150 g de molho bechamel (ver receita acima)
- 20 g de queijo gorgonzola

PREPARO

Em uma panela, adicione o molho bechamel e o gorgonzola. Em fogo baixo, mexa até o queijo derreter e formar uma mistura homogênea.

MOLHO DE TOMATE

INGREDIENTES

- 1 lata (400 g) de tomate pelado
- 1 colher de café de alho descascado picado
- 1 colher de sopa rasa de cenoura picada
- 1 talo pequeno de salsão picado
- 1 colher de chá de azeite extravirgem
- 1 colher de sopa cheia de manjericão
- 1 colher de café de mel
- Sal e pimenta-preta moída a gosto

PREPARO

Na panela, aqueça o azeite e refogue os legumes, as folhas de manjericão e o alho. Depois adicione o tomate pelado e deixe cozinhar, mexendo de tempo em tempo, em fogo baixo, por aproximadamente 15 minutos. Bata no liquidificador. Volte à panela, corrija a acidez com o mel e tempere com sal e pimenta.

MOLHO HOLLANDAISE

INGREDIENTES

- 3 gemas
- 150 g de manteiga sem sal (derretida e morna)
- 1 colher de sopa de suco de limão-taiti (ou vinagre branco suave)
- Sal a gosto
- Pimenta-branca ou pimenta-de-caiena (opcional)

PREPARO

Aqueça um pouco de água em uma panela e encaixe uma tigela (de vidro ou inox) sobre ela, sem que o fundo da tigela toque a água. Mantenha o fogo baixo. Bata as gemas. Coloque as gemas e o suco de limão na tigela. Bata com um *fouet* (batedor de arame) até formar uma mistura clara e espessa. Incorpore a manteiga aos poucos, adicionando em fio, sempre batendo vigorosamente. O molho deve engrossar conforme a manteiga emulsifica com as gemas. Tempere adicionando sal a gosto e, se desejar, uma pitada de pimenta-branca ou caiena. Sirva imediatamente: o molho holandês deve ser servido morno e não deve ser reaquecido, pois pode talhar.

MOLHO PESTO

INGREDIENTES

- ½ maço de manjericão
- 2 colheres de sopa cheias de azeite virgem
- ½ alho descascado
- 2 colheres de sopa de nozes mariposa (ou qualquer noz de sua preferência)
- 1 colher de sopa de queijo parmesão ralado
- Sal e pimenta-preta a gosto

PREPARO

Coloque todos os ingredientes, menos o manjericão, no liquidificador e bata até formar uma pasta grossa. Junte o manjericão e um cubo de gelo (para deixar a cor mais viva) e bata novamente até incorporar.

MOLHO POIVRE

INGREDIENTES

- 1 colher de sopa de cebola picada
- 1 colher de sopa de conhaque
- 1 colher de chá rasa de manteiga
- 6 unidades de pimenta-verde
- 1 colher de sopa cheia de molho rôti (ver receita na p. 23)

PREPARO

Amasse os grãos de pimenta-verde. Na frigideira, aqueça a manteiga e refogue a cebola picada. Adicione a pimenta-verde e flambe com o conhaque. Deixe o álcool evaporar e acrescente o molho rôti. Sirva ainda quente.

MOLHO QUATRO QUEIJOS

INGREDIENTES

- ½ cebola
- 2 unidades de cravo
- 2 colheres de sopa cheias de farinha de trigo
- 2 xícaras de leite integral
- 1 folha de louro
- 2 colheres de sopa cheias de manteiga
- 20 g de queijo brie
- 20 g de queijo emmental
- 20 g de queijo gorgonzola
- 20 g de queijo parmesão
- Noz-moscada a gosto
- Sal a gosto

PREPARO

Descasque a cebola. Com o louro e o cravo, faça a cebola piqué (cebola cortada ao meio com uma folha de louro presa por dois cravos). Aqueça o leite em fogo baixo, sem deixar ferver, com a cebola piqué por aproximadamente 15 minutos. Pique os queijos e reserve. Em uma panela, derreta a manteiga e doure a farinha para fazer o *roux*, acrescente o leite e deixe cozinhar por aproximadamente 15 minutos, mexendo constantemente, com o auxílio de um *fouet* (batedor de arame). Aos poucos, vá adicionando os queijos em pedaços, ainda mexendo, até que tudo esteja derretido. Deixe cozinhar por 5 minutos e desligue o fogo.

Roux é uma técnica francesa que consiste em dourar partes iguais de farinha de trigo e manteiga derretida até obter uma pastinha, que pode ser adicionada a caldos ou leite para engrossar molhos e outros preparos.

MOLHO RÔTI

INGREDIENTES

- 1 litro de caldo de carne escuro (ver box abaixo)
- 1 colher de sopa de manteiga (ou azeite)
- 1 colher de sopa de farinha de trigo
- Sal e pimenta-preta a gosto
- ½ taça de vinho tinto seco ou conhaque para deglaçar (opcional)

O rôti é um molho clássico da culinária francesa, tradicionalmente feito a partir da redução de um caldo de carne feito com ossos, legumes e ervas. Possui sabor intenso e encorpado e é utilizado em diversas receitas.

PREPARO

Em uma panela larga, coloque o caldo escuro, leve ao fogo médio e deixe reduzir lentamente até chegar a cerca de ⅓ do volume (irá concentrar o sabor e encorpar o molho). Pode levar de 30 a 45 minutos. Em outra panela, derreta a manteiga e adicione a farinha. Cozinhe por 1 a 2 minutos, mexendo, para fazer um *roux* claro. Incorpore o *roux* ao fundo reduzido aos poucos, mexendo bem para não empelotar. Prove, adicione sal e pimenta a gosto. Sirva quente sobre carnes grelhadas ou assadas.

Dica: Se preferir um toque mais sofisticado, deglaceie com vinho tinto seco. Adicione à panela (antes ou depois da redução) e deixe o álcool evaporar. Para uma textura mais lisa, coe com uma peneira fina.

MOLHO TÁRTARO

INGREDIENTES

- 1 xícara de maionese
- 1 colher de sopa de mostarda (preferencialmente tipo Dijon, mas pode ser amarela comum)
- 1 colher de sopa de suco de limão-taiti ou vinagre branco
- 1 colher de sopa de cebola bem picada (ou ralada)
- 1 colher de sopa de picles de pepino picado
- 1 colher de sopa de alcaparras picadas
- 1 colher de sopa de salsinha fresca picada
- Sal e pimenta-preta a gosto

PREPARO

Em uma tigela, misture a maionese, a mostarda e o suco de limão até ficar homogêneo. Adicione a cebola, o picles, as alcaparras e a salsinha. Misture tudo muito bem. Ajuste o sal e a pimenta a gosto.

Dica: Leve à geladeira por pelo menos 30 minutos antes de servir — isso ajuda os sabores a se integrarem.

MOLHO VINAGRETE

INGREDIENTES

- 1 colher de sopa de vinagre balsâmico
- 3 colheres de sopa de azeite extravirgem
- 1 colher de sopa de mel
- 1 pitada de ervas finas a gosto

PREPARO

Em um recipiente, misture todos os ingredientes e sirva sobre uma salada de folhas.

ENTRADAS

SOUPE À L'OIGNON à Antonio Fagundes

SOPA DE CEBOLA À "ANTONIO FAGUNDES"

INGREDIENTES

- 2 cebolas médias
- 2 folhas de louro
- 2 colheres de sopa cheias de manteiga
- 4 conchas grandes de caldo de legumes (ver receita na p. 39)
- 3 colheres de sopa cheias de molho rôti (ver receita na p. 23)
- ¼ de xícara de vinho do Porto
- Noz-moscada moída a gosto
- Sal e pimenta-preta moída a gosto

PREPARO

Descasque e corte a cebola em tiras médias. Derreta a manteiga na panela e adicione as tiras de cebola. Mantenha o fogo alto e mexa constantemente para não queimar o fundo da panela até que as cebolas tenham murchado, caramelizado e que estejam macias — esse processo leva aproximadamente 20 minutos. Depois desse processo de caramelização, adicione o vinho do Porto, aos poucos, mexendo novamente. Assim que o líquido tiver evaporado, adicione o louro e o caldo de legumes. Deixe cozinhar por aproximadamente 30 minutos em fogo baixo. Durante esse processo mexa a mistura por algumas vezes. Em seguida, adicione o molho rôti. Mexa e deixe cozinhar por mais 20 minutos. A textura da sopa deve ser aveludada (e não muito cremosa). Tempere a sopa com sal, pimenta e noz-moscada, lembrando-se de que a sopa deve ser leve de sal. O sabor ideal dela é um suave adocicado.

MONTAGEM

- 1 colher de café cheia de ciboulette (cebolinha-francesa) picada
- 2 conchas grandes cheias de sopa de cebola
- 4 torradas (tipo canapé)
- Queijo emmental ralado a gosto

Disponha a sopa em uma tigela, depois coloque as torradas por cima. Finalize com queijo emmental por toda a superfície. Leve ao forno para gratinar, a 200 °C por 5 minutos. Sirva ainda quente, polvilhada com a cebolinha por cima.

LULA DORÉE
à Dani Calabresa

LULA EMPANADA À "DANI CALABRESA"

INGREDIENTES

- 2 xícaras de anéis de lula limpos
- 1 xícara de farinha de trigo
- 1 colher de chá rasa de ciboulette (cebolinha-francesa)
- 1 limão-taiti
- 3 colheres de sopa cheias de molho tártaro (ver receita na p. 23)
- Oleo suficiente para fritar por imersão
- Pimenta-preta moída a gosto
- Sal a gosto

PREPARO

Tempere a farinha com o sal e a pimenta. Envolva as lulas na mistura e retire o excesso de farinha. No óleo aquecido a 180 °C, disponha delicadamente os anéis de lula. Frite até que fiquem dourados e crocantes. Reserve no papel-toalha para que o excesso de óleo escorra.

MONTAGEM

Disponha a lula à dorê em um prato e sirva com o molho tártaro e um limão cortado em quatro. Decore com a ciboulette picada.

ESCARGOTS
à Milton Nascimento

INGREDIENTES

- 6 escargots Helix limpos
- 2 colheres de sopa cheias de manteiga
- 1 colher de chá de alecrim
- 1 dente de alho descascado
- 1 colher de chá de salsinha
- 1 limão-taiti
- 2 colheres de sopa de conhaque
- 1 colher de sopa de azeite extravirgem
- Pimenta-preta moída a gosto
- Sal a gosto

PREPARO

Esprema o limão e reserve. Amasse o alho até formar uma pasta e reserve separadamente. Pique bem o alecrim e a salsinha e misture com a manteiga. Acrescente metade do alho em pasta e metade do conhaque à manteiga. Misture tudo até que forme uma pasta homogênea. Tempere com sal, pimenta e limão a gosto. Reserve. Numa frigideira, aqueça o azeite e refogue o escargot junto com a outra metade do alho. Flambe com o restante do conhaque e corrija o sal e a pimenta.

MONTAGEM

Caso tenha em casa as conchas e a escargoteira, coloque o escargot na concha e cubra com bastante manteiga de ervas. Ponha as conchas na escargoteira e leve ao forno para gratinar. Caso não tenha, acrescente a manteiga de ervas ao escargot ainda na panela e refogue por mais alguns minutos. Disponha os escargots em um ramequim e sirva com torradas.

PETIT BRIE RÔTI
à Thais Braz

QUEIJO ASSADO À "THAIS BRAZ"

INGREDIENTES

- 1 colher de sopa rasa de amêndoas laminadas
- 1 colher de café rasa de ciboulette (cebolinha-francesa) picada
- 2 damascos turcos
- 2 colheres de sobremesa cheias de geleia de damasco
- 10 torradas (tipo canapé)
- 1 queijo brie pequeno inteiro

PREPARO

Corte o damasco com a faca paralela à tábua para obter discos finos e reserve. Coloque o queijo brie inteiro em um refratário pequeno e leve ao forno preaquecido a 230 °C por 5 minutos.

MONTAGEM

Retire o recipiente do forno e coloque sobre o prato escolhido para servir. Coloque a geleia de damasco por cima do queijo e em seguida coloque as amêndoas. Decore com o damasco, fazendo o formato de uma flor, como na foto. Acrescente a ciboulette (cebolinha-francesa) e sirva com torradas, separadamente.

ISCAS DE PEIXE
à Mauro Naves

INGREDIENTES

- 1 colher de sopa cheia de farinha de trigo
- 4 colheres de sopa cheias de farinha panko
- 1 filé de tilápia grande
- 1 limão-taiti
- 1 colher de café cheia de ciboulette (cebolinha-francesa) picada
- 2 ovos
- 2 colheres de sopa cheias de molho tártaro (ver receita na p. 23)
- Pimenta-preta moída a gosto
- Sal a gosto
- Óleo suficiente para fritar por imersão

PREPARO

Corte o filé de tilápia em tiras de aproximadamente 5 cm e reserve. Corte o limão em quatro, no sentido do comprimento. Tempere as iscas com sal, pimenta e o suco do limão (utilize metade). Empane as iscas, primeiro na farinha de trigo (tirando o excesso), depois no ovo batido e por fim na farinha panko. Frite as iscas no óleo aquecido a 180 °C, até que fiquem douradas e crocantes. Reserve no papel-toalha para escorrer o excesso de óleo.

MONTAGEM

Disponha as iscas no centro de um prato oval com o molho tártaro e o limão já cortado nas extremidades. Finalize com a ciboulette picada.

PRATOS PRINCIPAIS

BIANCA

SAUMON GRILLÉ AUX CREVETTES
à Bianca Andrade

SALMÃO GRELHADO COM CAMARÕES À "BIANCA ANDRADE"

INGREDIENTES

- ¼ de abobrinha cortada em palitos médios
- 2 dentes de alho descascados e picados
- 2 colheres de sopa de azeite extravirgem
- 3 floretes de brócolis ninja
- 2 a 3 camarões cinza
- 1 colher de sopa de cebola picada
- 1 colher de café cheia de ciboulette (cebolinha-francesa) picada
- ⅓ de cenoura descascada e cortada em palitos médios
- 3 floretes de couve-flor
- 5 ervilhas-tortas
- 1 filé de salmão (200 g)
- 1 colher de sopa cheia de manteiga
- 140 g de purê de mandioquinha
- 2 colheres de sopa da água do cozimento da mandioquinha
- 1 colher de sopa cheia de molho de tomate (ver receita na p. 21)
- 3 a 4 tomates-cerejas cortados ao meio
- 4 vagens
- 2 colheres de sopa de vinho branco seco
- Pimenta-preta moída a gosto
- Sal a gosto

CALDO DE LEGUMES

INGREDIENTES

- 1 abobrinha italiana
- 2 cebolas
- 1 cenoura
- 2 talos de salsão
- 2 litros de água filtrada

PREPARO

Lave e corte grosseiramente a cebola (descascada), o salsão, a cenoura e a abobrinha. Em uma panela grande, coloque os legumes cortados e adicione a água. Quando ferver, deixe cozinhar por 20 minutos. Em seguida, tampe a panela e abafe por aproximadamente 30 minutos. Coe e reserve.

◆ PURÊ DE MANDIOQUINHA ◆

INGREDIENTES

- 2 xícaras de mandioquinha descascada e picada
- 1 colher de sobremesa rasa de manteiga

PREPARO

Coloque as mandioquinhas em uma panela. Cubra com água filtrada fria e leve ao fogo alto. Quando ferver, abaixe o fogo e cozinhe até que fiquem macias. Passe-as na peneira. Corrija a textura com a manteiga e 2 colheres de sopa da água de cozimento da mandioquinha.

◆ SALMÃO ◆

PREPARO

Tempere o salmão com sal e pimenta, grelhe em uma frigideira com um fio de azeite e reserve.

◆ LEGUMES E CAMARÕES ◆

PREPARO

Aqueça o azeite na frigideira e salteie os legumes já pré-cozidos (abobrinha, brócolis, cenoura, couve-flor, ervilha-torta, tomate-cereja e vagem). Tempere com sal e pimenta e reserve. Na caçarola, doure metade da quantidade de cebola e de alho na manteiga. Adicione o purê de mandioquinha e dê o ponto com o caldo de legumes. Em outra frigideira aqueça o restante do azeite e doure o alho e a cebola, depois adicione os camarões. Despeje o vinho branco sobre a panela quente e mexa para agregar aos demais ingredientes. Adicione o molho de tomate e tempere com sal e pimenta.

◆ MONTAGEM ◆

Em um prato raso, disponha o salmão e ao lado os legumes e o purê. Finalize com o molho de camarões sobre o salmão. Decore com a ciboulette ou outras ervas a gosto.

GNOCCHI DE BRIE AUX CREVETTES
à Bruno Gissoni

NHOQUE DE BRIE COM CAMARÕES À "BRUNO GISSONI"

CAMARÕES

INGREDIENTES

- 1 colher de chá rasa de alho descascado e picado
- 1 colher de sopa de azeite extravirgem
- 6 camarões cinza
- 1 colher de sopa rasa de cebola descascada e picada
- 2 colheres de chá rasas de ciboulette (cebolinha-francesa) picada
- 1 prato fundo de nhoque de mandioquinha com queijo brie
- 1 camarão-rosa
- 2 colheres de sopa cheias de molho bechamel (ver receita na p. 20)
- 3 colheres de sopa cheias de molho de tomate (ver receita na p. 21)
- 2 colheres de sopa cheias de queijo parmesão ralado
- ¼ de xícara de vinho branco seco
- Pimenta-preta moída a gosto
- Sal a gosto
- 1 pimenta dedo-de-moça ou brotinhos de ervas para decorar

GNOCCHI DE MANDIOQUINHA COM QUEIJO BRIE

INGREDIENTES

- 1 kg de mandioquinha
- 2 gemas
- 300 g de farinha de trigo
- 300 g de queijo brie
- ½ xícara de queijo parmesão ralado
- Sal e noz-moscada a gosto
- Farinha extra para polvilhar

PREPARO

Descasque a mandioquinha, corte em pedaços e cozinhe em água até ficar bem macia. Escorra bem (sem deixar excesso de água) e amasse ainda quente. Reserve até esfriar. Misture a mandioquinha espremida com a gema, o parmesão, o sal e a noz-moscada. Adicione a farinha aos poucos, até a massa ficar macia, mas firme o bastante para enrolar (sem grudar muito nas mãos). Inicie a modelagem das bolinhas, retirando da massa pedaços de 5 cm. Abra cada pedaço, recheie com um pedaço de queijo brie e feche-as. Leve uma panela com bastante água e um pouco de sal ao fogo. Quando ferver, coloque as bolinhas aos poucos; quando subirem à superfície, estarão cozidas. Retire com uma escumadeira e reserve.

PREPARO

Na frigideira, aqueça o azeite e refogue a cebola e o alho. Adicione o camarão cinza e deixe refogar. Acrescente o molho bechamel. Tempere com sal e pimenta. Adicione o molho de tomate e deixe cozinhar. Em seguida, acrescente o nhoque. Grelhe o camarão-rosa com sal e pimenta e reserve.

MONTAGEM

Em uma caçarola de ferro ou refratário, disponha o nhoque de maneira uniforme junto com o molho formado. Adicione parmesão ralado por toda a superfície e ao centro ponha o camarão-rosa levemente inclinado. Leve ao forno aquecido a 210 °C para gratinar por aproximadamente 7 minutos. Decore com a ciboulette picada e a pimenta dedo-de-moça ou os brotinhos.

DICA

Importante ressaltar que o nhoque de mandioquinha tem uma textura mais delicada do que o de batata. Trabalhe com cuidado e com menos farinha possível para manter a leveza.

MÉDAILLONS À LA SAUCE GORGONZOLA ET RIZ À L'AIL
à Felipe Araújo

MEDALHÃO DE FILÉ MIGNON AO MOLHO DE GORGONZOLA E ARROZ DE ALHO À "FELIPE ARAÚJO"

INGREDIENTES

- 200 g de filé mignon
- 1 colher de sopa rasa de azeite extravirgem
- ½ garrafa de óleo de soja
- 150 g de batata palito
- 3 colheres de sopa cheias de arroz branco cozido
- 1 dente de alho descascado e picado
- 1 colher de chá de salsinha picada
- ½ xícara de molho de gorgonzola (ver receita na p. 20)
- Pimenta-preta moída a gosto
- Sal a gosto
- Salsinha crespa e alecrim para decorar

SEGREDO PARA UM ARROZ SOLTINHO À LA PARIS 6

Lave o arroz antes de cozinhar, até que a água saia quase limpa. Isso ajuda a eliminar o excesso de amido – responsável em deixar o arroz empapado. Refogue o arroz em óleo quente ou azeite, junto com alho ou cebola, até que os grãos fiquem levemente transparentes. Isso sela os grãos e ajuda a deixá-los soltos. Atente-se à proporção ideal de água: 2 xícaras de água para 1 xícara de arroz. Use água quente para manter a temperatura e agilizar o cozimento. Ao adicionar a água e ajustar o sal, não mexa mais. Mexer durante o cozimento ativa o amido e deixa o arroz grudento. Cozinhe em fogo médio, com a panela semitampada. Quando a água estiver quase secando (você vai ouvir o som do "chiar"), tampe de vez e abaixe o fogo ao mínimo. Após secar toda a água, desligue o fogo e deixe o arroz descansar por 5 a 10 minutos. Esse tempo ajuda a finalizar o cozimento no vapor e soltar os grãos.

◆ PREPARO ◆

Numa panela, aqueça o óleo de soja e frite as batatas, deixando-as bem crocantes. Deixe-as escorrendo em papel-toalha. Tempere o medalhão de filé mignon com sal e pimenta e grelhe usando um fio de azeite. Reserve. Na mesma panela, acrescente mais azeite e doure o alho picado. Junte o arroz cozido, a salsinha picada e refogue. Corrija o sal e a pimenta.

◆ MONTAGEM ◆

Em um prato raso disponha o arroz e a carne. Cubra a carne com o molho de gorgonzola bem quente. Sirva com as batatas fritas. Decore com salsinha crespa e um ramo de alecrim.

RISOTTO AUX CÈPES à Chris Torloni

RISOTO DE COGUMELOS À "CHRIS TORLONI"

INGREDIENTES

- 1 colher de chá rasa de alho descascado e picado
- 2 colheres de chá de azeite extravirgem
- 1 colher de chá de azeite trufado
- 2 colheres de chá de cebola picada
- 1 colher de café cheia de ciboulette (cebolinha-francesa) picada
- 3 cogumelos paris fatiados
- 2 colheres de sobremesa cheias de manteiga
- 6 colheres de sopa cheias de arroz arbóreo
- 1 xícara de caldo de legumes (ver receita na p. 39)
- 3 colheres de sopa rasas de cogumelo shitake fatiado
- 200 ml de molho rôti (ver receita na p. 23)
- 2 colheres de sopa cheias de queijo parmesão ralado
- Pimenta-preta moída a gosto
- Sal a gosto
- Salsinha crespa para decorar

PREPARO

Em uma frigideira, aqueça o azeite extravirgem e refogue o alho e a cebola. Depois adicione o arroz arbóreo e o envolva na gordura. Acrescente os cogumelos e o molho rôti. Em seguida, adicione o caldo de legumes pouco a pouco, até atingir o ponto do arroz, mexendo sempre e delicadamente para não quebrar os grãos. Quando o risoto estiver *al dente*, acrescente a manteiga e o parmesão. Tempere com sal e pimenta.

MONTAGEM

Em um prato fundo disponha o risoto e finalize com um fio de azeite trufado. Decore com a ciboulette e a salsinha.

FETTUCCINE AUX CREVETTES à Emerson Sheik

FETTUCCINE COM CAMARÕES À "EMERSON SHEIK"

INGREDIENTES

- 2 colheres de chá rasas de alho descascado e picado
- 6 camarões cinza
- 2 camarões-rosa
- 1 colher de sopa rasa de cebola picada
- 1 colher de sopa rasa de manjericão
- 1 colher de sopa rasa de azeite extravirgem
- 1 prato fundo de fettuccine cozido (⅓ do pacote)
- 3 colheres de sopa cheias de molho bechamel (ver receita na p. 20)
- 2 colheres de sopa cheias de molho de tomate (ver receita na p. 21)
- ¼ de xícara de vinho branco seco
- Pimenta-preta moída a gosto
- Sal a gosto
- Brotinhos de ervas para decorar

PREPARO

Tempere os camarões-rosa com sal e pimenta, grelhe e reserve. Em uma frigideira, aqueça o azeite e doure o alho e a cebola. Junte os camarões cinza e deixe refogar. Deglaceie o fundo da panela com o vinho e acrescente o molho bechamel e o molho de tomate, misturando até obter uma consistência uniforme. Junte o fettuccine, salteie e corrija o sal.

MONTAGEM

Monte a massa em um prato fundo e coloque os dois camarões-rosa entrelaçados por cima. Decore com o manjericão e brotinhos de ervas.

STEAK AU POIVRE VERT ET SPAGHETTI CARBONARA

à Fefe

FILÉ AO MOLHO DE PIMENTA-VERDE E ESPAGUETE À CARBONARA À "FEFE"

INGREDIENTES

- 2 colheres de chá rasas de alho descascado e picado
- 4 colheres de sobremesa rasas de azeite extravirgem
- 3 tiras de bacon
- 1 colher de sopa de cebola picada
- 1 colher de café rasa de ciboulette (cebolinha-francesa) picada
- 1 caixinha de creme de leite
- 220 g de filé mignon
- 200 g de espaguete cozido
- 1 gema
- 2 colheres de sopa cheias de molho poivre (ver receita na p. 22)
- Pimenta-preta moída a gosto
- Sal a gosto

PREPARO

Corte 1 tira de bacon em pedaços de 1 cm, frite até que fiquem dourados e crocantes e reserve. Asse as 2 tiras restantes no forno preaquecido a 220 °C por 7 minutos ou até que fiquem douradas e levemente crocantes. Reserve para decoração. Aqueça 3 colheres de azeite e refogue o alho, a cebola e volte com o bacon frito na frigideira. Adicione o creme de leite com um pouco da água do cozimento do espaguete e deixe reduzir; tempere com sal. Acrescente o espaguete cozido e a gema, e salteie tudo. Em uma frigideira aquecida e untada com o restante do azeite, grelhe o filé mignon temperado com sal e pimenta. O ponto da carne varia, dependendo da sua preferência (ver box da p. 82). Aqueça o molho poivre.

MONTAGEM

Em um prato raso, disponha o filé com o molho poivre por cima. Monte o carbonara pronto ao lado do filé. Finalize com o restante do azeite. Decore com as tiras de bacon aquecidas por cima e com a ciboulette picada. Acrescente uma erva aromática como alecrim ou tomilho para decoração.

PENNE GRATINÉE AUX CREVETTES QUATRE FROMAGES

à Franciny Ehlke

PENNE GRATINADO COM CAMARÕES E MOLHO QUATRO QUEIJOS À "FRANCINY EHLKE"

INGREDIENTES

- 1 dente de alho descascado e picado
- 6 colheres de sopa rasas de azeite extravirgem
- 12 camarões cinza
- ¼ de cebola picada
- 1 colher de chá rasa de ciboulette (cebolinha-francesa) picada
- 2 conchas cheias de molho quatro queijos (ver receita na p. 22)
- 1 prato fundo de penne cozido (⅓ do pacote)
- 3 colheres de sopa cheias de queijo parmesão ralado
- 2 colheres de sopa de vinho branco seco
- Ramos de alecrim ou tomilho a gosto
- Pimenta-preta moída a gosto
- Sal a gosto

PREPARO

Em uma frigideira, aqueça o azeite e refogue o alho e a cebola. Em seguida, acrescente o camarão e o vinho branco na panela quente. Incorpore aos demais ingredientes. Adicione o molho de quatro queijos e cozinhe até que atinja a consistência ideal (cremosa e encorpada); corrija o sal e tempere com pimenta. Acrescente o penne já cozido e envolva no molho formado.

MONTAGEM

Disponha a massa com o molho formado na panelinha de ferro. Polvilhe com o parmesão ralado e leve ao forno para gratinar. Retire do forno e disponha em um prato base. Decore com a ciboulette picada e ramos de alecrim, tomilho ou uma erva aromática de sua preferência.

PENNE ALL'ARRABBIATA GRATINÉE à Gkay

PENNE À ARRABIATA GRATINADO À "GKAY"

INGREDIENTES

- 1 colher de chá rasa de alho descascado e picado
- 4 colheres de sobremesa de azeite extravirgem
- 2 colheres de sobremesa rasas de cebola picada
- 1 colher de café rasa de ciboulette (cebolinha-francesa) picada
- ½ linguiça calabresa
- 1 colher de sopa cheia de manjericão
- 1 colher de sopa cheia de manteiga
- 4 colheres de sopa de molho de pimenta
- 2 conchas grandes cheias de molho de tomate (ver receita na p. 21)
- 1 prato fundo cheio de penne cozido (⅓ do pacote)
- 5 colheres de sopa cheias de queijo parmesão ralado
- 6 tomates-cerejas
- Pimenta-preta moída a gosto
- Sal a gosto

PREPARO

Tire a pele da linguiça calabresa e reserve. Na frigideira, aqueça o azeite e refogue o alho e a cebola, acrescente a calabresa e frite. Adicione o tomate-cereja, o manjericão, o molho de pimenta, o molho de tomate e a manteiga. Tempere com sal e pimenta. Acrescente o penne cozido e misture.

MONTAGEM

Em uma panela de ferro ou refratário, disponha o penne com o molho formado, cubra com o parmesão e leve ao forno preaquecido a 220 °C por 5 min até gratinar. Retire do forno e decore com a ciboulette.

GNOCCHI DE BRIE ALFREDO ET CREVETTES *à João Guilherme*

NHOQUE DE BRIE ALFREDO E CAMARÕES À "JOÃO GUILHERME"

INGREDIENTES

- 2 conchas grandes de nhoque de mandioquinha recheado com queijo brie (ver receita na p. 43)
- 1 colher de sopa de cebola picada
- ½ colher de sopa de alho descascado e picado
- 1 colher de sopa de estragão seco
- 1 xícara de creme de leite fresco
- 1 camarão-rosa
- 1 colher de sopa rasa de azeite extravirgem
- 2 colheres sopa de vinho branco (opcional)
- 3 colheres de sopa de queijo parmesão ralado
- 12 camarões-de-sete-barbas limpos
- Pimenta-preta moída a gosto
- Sal a gosto

PREPARO

Limpe o camarão-rosa, preservando a cauda; grelhe e reserve. Numa frigideira, aqueça o azeite e doure os camarões-de-sete-barbas, a cebola e o alho, junte o vinho branco e deixe evaporar o álcool. Acrescente o estragão seco, o creme de leite fresco e 1 colher de sopa de parmesão. Deixe reduzir um pouco até que forme um molho homogêneo. Junte ao molho o nhoque de mandioquinha e deixe ferver. Tempere com sal e pimenta.

MONTAGEM

Numa panelinha de ferro ou refratário coloque o nhoque junto com o molho, cubra com o restante do parmesão e leve ao forno preaquecido a 200 °C para gratinar por 8 minutos. Finalize com o camarão-rosa grelhado por cima.

APPROVE

STEAK TARTARE à Leo Picon

BIFE TÁRTARO À "LEO PICON"

INGREDIENTES

- 1 pedaço médio (120 g) de filé mignon
- 3 alcaparras
- 150 g de batatas rústicas (cortadas com casca em meia-lua)
- ¼ de cebola
- 1 colher de sopa rasa de ciboulette (cebolinha-francesa) picada
- 1 colher de chá cheia de conhaque
- 1 colher de sopa rasa de ketchup
- 1 colher de sopa rasa de molho inglês
- ½ colher de café de molho de pimenta vermelha (tipo Tabasco)
- 1 colher de sobremesa de mostarda Dijon
- 1 pedaço pequeno de picles
- 1 colher de sobremesa rasa de aceto balsâmico
- 1 colher de sopa cheia de molho vinagrete (ver receita na p. 23)
- 4 folhas de alface-americana
- 4 folhas de alface roxa
- 6 folhas de alface lisa
- 6 folhas de rúcula
- 6 tomates-cereja
- 2 colheres de sobremesa rasa de azeite extravirgem
- Sal e pimenta-preta moída a gosto
- Óleo suficiente para fritar por imersão

PREPARO

Pique a cebola, o picles, as alcaparras e o mignon na ponta da faca, reserve os itens separadamente. Corte os tomates-cereja ao meio. Reserve. Em uma tigela (de preferência previamente congelada), misture a carne com a cebola, o molho de pimenta, o molho inglês, o conhaque, a mostarda Dijon e metade da ciboulette. Adicione também o picles, a alcaparra, o ketchup e tempere com sal e pimenta. Misture até ficar homogêneo. Com o óleo aquecido a 180 °C, frite a batata, até ficar dourada e crocante, reserve no papel-toalha para escorrer o excesso de óleo. Junte as folhas da salada, monte um buquê e reserve.

MONTAGEM

Em um prato raso, disponha o buquê das folhas junto do tomate-cereja, na lateral do prato, e tempere com o vinagrete. No centro do prato, preencha um aro de 7 centímetros com o tartare e finalize com uma gota de mostarda Dijon. Remova o aro antes de servir. Finalize com o azeite e decore com o restante da ciboulette picada. Se preferir, sirva com algumas torradas.

Tudo
quando a
Music

PICANHA À L'ANCIENNE ET FRITES
à Léo Santana

PICANHA À MODA ANTIGA COM FRITAS À "LÉO SANTANA"

INGREDIENTES

- 150 g de batata frita
- 1 colher de sopa rasa de ciboulette (cebolinha-francesa) picada
- 1 colher de sobremesa rasa de óleo de milho
- 1 fatia de picanha (220 g)
- 1 colher de sopa cheia de mostarda Dijon
- 1 colher de sopa cheia de creme de leite
- Pimenta-preta moída a gosto
- Sal a gosto

PREPARO

Misture a mostarda com o creme de leite para o molho e reserve. Em uma chapa aquecida e untada com óleo, grelhe a picanha temperada com sal e pimenta. O ponto da carne varia, depende da sua preferência (ver box da p. 82).

MONTAGEM

Em um prato raso, disponha a carne grelhada com o molho por cima e ao lado coloque a porção de batata frita. Finalize o prato com a ciboulette.

COMO PREPARAR BATATAS FRITAS CROCANTES

INGREDIENTES

- 3 batatas médias
- 3 colheres de sopa de vinagre
- Óleo para fritar por imersão

PREPARO

Descasque as batatas e corte-as em palitos com 2 cm de espessura. Em uma panela e em fogo baixo, cozinhe as batatas no vinagre por 3 minutos. Seque-as e leve ao fogo para cozinhá-las com o óleo a 150 °C por 8 minutos. Em seguida, retire-as do fogo e reserve. Aqueça a 180 °C o mesmo óleo utilizado para cozinhar e, em seguida, frite as batatas até que fiquem douradas e crocantes.

FETTUCCINE ALFREDO AUX CREVETTES *à Ludmilla*

FETTUCCINE ALFREDO COM CAMARÕES À "LUDMILLA"

INGREDIENTES

- 1 colher de café cheia de alho descascado e picado
- 4 colheres de sobremesa de azeite extravirgem
- 6 camarões cinza
- 1 colher de sopa de cebola picada
- 1 colher de café cheia de ciboulette (cebolinha-francesa) picada
- 1 xícara de creme de leite
- 1 colher de café cheia de estragão
- 1 colher de sobremesa de óleo de milho
- 1 concha grande de caldo de legumes (ver receita na p. 39)
- 2 camarões-rosa
- 1 prato fundo de fettuccine cozido (⅓ do pacote)
- 2 colheres de sopa cheias de queijo parmesão ralado
- ¼ de xícara de vinho branco seco
- Sal e pimenta-preta moída a gosto
- Pimenta dedo-de-moça para decorar

PREPARO

Em uma frigideira, aqueça o azeite e refogue o alho e a cebola. Salteie os camarões e deglaceie o fundo da frigideira com o vinho branco. Adicione o creme de leite e o caldo de legumes e deixe reduzir até que atinja uma consistência cremosa. Acrescente o fettuccine já cozido e envolva no molho. Tempere com estragão. Por fim, adicione o parmesão ralado. Em outra frigideira, aqueça o óleo e grelhe os camarões-rosa temperados com sal e pimenta. Reserve.

Deglacear ou deglaçar é uma técnica culinária de origem francesa que consiste em adicionar um líquido a uma panela quente para dissolver os resíduos grudados ao fundo dela.

MONTAGEM

Em uma caçarola, disponha a massa com o molho e finalize com os camarões grelhados por cima. Decore com a ciboulette picada e uma pimenta dedo-de-moça.

FETTUCCINE ALFREDO *à Luísa Sonza*

INGREDIENTES

- 1 colher de chá rasa de alho descascado e picado
- 1 colher de sopa de azeite extravirgem
- 1 colher de sopa rasa de cebola picada
- 1 colher de café cheia de ciboulette (cebolinha-francesa) picada
- 1 xícara de creme de leite
- ½ xícara de caldo de legumes (ver receita na p. 39)
- 1 colher de café rasa de estragão
- 1 prato fundo de fettuccine cozido (⅓ do pacote)
- 2 colheres de sopa cheias de queijo parmesão ralado
- Pimenta-preta moída a gosto
- Sal a gosto
- Pimenta dedo-de-moça para decorar

PREPARO

Na frigideira, aqueça o azeite e refogue o alho e a cebola, depois adicione o creme de leite, o caldo de legumes e o estragão. Deixe reduzir, formando um molho cremoso. Envolva o fettuccine no molho formado, adicione o parmesão e o estragão, e salteie.

MONTAGEM

Em um prato fundo, disponha o fettuccine com o molho formado e decore com uma pimenta dedo-de-moça.

TARTARE DE SAUMON À LA MAROCAIN
à Marcos Mion

TARTAR DE SALMÃO À MODA MARROQUINA À "MARCOS MION"

INGREDIENTES

- 4 folhas de alface-americana
- 4 folhas de alface-crespa
- 4 folhas de alface roxa
- 5 folhas de rúcula
- 2 colheres de sopa de azeite extravirgem
- 1 colher de café cheia de ciboulette (cebolinha-francesa) picada
- 2 colheres de sopa cheias de cuscuz marroquino
- 150 g de salmão
- 1 colher de sopa de iogurte natural
- 2 conchas de caldo de legumes (ver receita na p. 39)
- 2 picles de pepino
- 1 colher de chá de redução de aceto balsâmico
- 10 torradas ou 1 palmito grelhado cortado ao meio
- 1 colher de chá de saquê azuma kirin
- 3 tomates-cerejas
- Pimenta-preta moída a gosto
- Sal a gosto

PREPARO

Corte o salmão em cubos pequenos. Pique um dos picles e corte ao meio os tomates-cerejas. Em uma vasilha, hidrate o cuscuz marroquino com o caldo de legumes. Monte um buquê com as folhas e reserve. Em uma tigela, misture o salmão com o picles cortado, o saquê, o iogurte natural, metade do azeite e a ciboulette. Tempere com sal e pimenta e misture bem.

MONTAGEM

Risque com a redução de aceto balsâmico um prato raso e disponha um aro de 7 centímetros no centro do prato. Preencha o aro com o cuscuz e depois coloque a mistura de salmão. Para decorar, posicione um picles inteiro por cima. Do lado do aro, disponha o buquê de salada com os tomates cortados. Remova o aro antes de servir. Finalize com o restante do azeite e da ciboulette picada. Sirva acompanhado das torradinhas ou de palmito grelhado.

PAILLARD DE BOEUF ET FETTUCCINE ALFREDO *à Matheus Fernandes*

PAILLARD DE FILÉ MIGNON E FETTUCCINE ALFREDO À "MATHEUS FERNANDES"

INGREDIENTES

- 1 colher de sobremesa de azeite extravirgem
- 1 colher de chá rasa de ciboulette (cebolinha-francesa) picada
- 1 caixinha de creme de leite
- 1 colher de café rasa de estragão
- 1 bife de filé mignon (120 g)
- 2 colheres de sobremesa rasas de óleo de milho
- 2 colheres de sopa de água do cozimento da massa
- 1 prato fundo de fettuccine cozido (⅓ do pacote)
- 2 colheres de sopa cheias de queijo parmesão ralado
- Pimenta-preta moída a gosto
- Sal a gosto

PREPARO

Bata a carne com um batedor até que forme um bife bem fino (paillard). Na frigideira, aqueça o óleo e grelhe o paillard de mignon temperado com sal e pimenta. Em outra frigideira, aqueça o azeite e doure o alho e a cebola, depois acrescente o creme de leite, a água do cozimento da massa e o estragão. Deixe reduzir até formar um molho cremoso. Adicione o parmesão e a massa cozida e salteie. Tempere com sal e pimenta.

MONTAGEM

Num prato raso, coloque o paillard e disponha a massa por cima. Decore com ervas a gosto.

FETTUCCINE AU RAGOÛT D'OSSOBUCO à Mauricio de Sousa

FETTUCCINE COM RAGU DE OSSOBUCO À "MAURICIO DE SOUSA"

INGREDIENTES

- 1 prato fundo de fettuccine cozido (⅓ do pacote)
- 1/2 xícara de molho de tomate (ver receita na p. 21)
- 3 colheres de sopa de molho rôti (ver receita na p. 23)
- 1 colher de sopa de cebola picada
- 1 dente de alho picado
- 10 folhas de manjericão
- 1 colher de sopa de azeite
- 1/2 xícara de ragu de ossobuco (ver receita abaixo)
- 1/2 xícara de caldo de legumes (ver receita na p. 39)
- 4 colheres de sopa de queijo parmesão ralado
- 4 colheres de sopa de tomate picado
- Sal a gosto

RAGU DE OSSOBUCO

INGREDIENTES

- 1 kg de ossobuco
- 1 talo de salsão
- 1/2 cenoura
- 1/2 alho-poró
- 50 g de tomilho fresco
- 1 xícara de vinho branco seco
- 3 xícaras de caldo de legumes (ver receita na p. 39)
- 3 dentes de alho

PREPARO

Corte todos os vegetais grosseiramente. Em um recipiente, coloque o sal, o vinho, todos os vegetais cortados e o tomilho fresco. Coloque o ossobuco e deixe marinar por 24 horas. Após esse período, retire o ossobuco da marinada e leve a uma frigideira aquecida com azeite para selar. Em seguida, leve a carne para uma assadeira, despeje o líquido restante da marinada e acrescente o caldo de legumes. Cubra com papel alumínio e leve para assar por 6 horas à 150 °C.

◆ PREPARO ◆

Em uma frigideira com azeite, refogue o alho e a cebola e, em seguida, acrescente o manjericão, o molho de tomate, o molho rôti, o caldo de legumes, o tomate picado e a carne do ossobuco. Deixe ferver por 4 minutos e acrescente o queijo parmesão, mexendo levemente. Reserve. Em uma panela com água fervendo, coloque o fettuccine para cozinhar por 8 minutos.

◆ MONTAGEM ◆

Após o cozimento, junte o fettuccine ao molho com o ragu e disponha em um prato fundo. Decore com manjericão fresco.

PARIS

SAUMON AU RISOTTO AU COEUR DE PALMIER à Paulo Ricardo

SALMÃO COM RISOTO DE PALMITO À "PAULO RICARDO"

INGREDIENTES

- 1 colher de sobremesa de alho descascado e picado
- 3 colheres de sobremesa de azeite extravirgem
- 2 colheres de sobremesa de cebola picada
- 1 colher de café cheia de ciboulette (cebolinha-francesa) picada
- 1 colher de café rasa de ervas de provence
- 1 filé médio de salmão
- 2 colheres de sopa rasas de manteiga
- 1 colher de sobremesa de óleo de milho
- 3 palmitos
- 6 colheres de sopa cheias de arroz arbóreo
- 2 conchas grandes cheias de caldo de legumes (ver receita na p. 39)
- 2 colheres de sopa cheias de molho hollandaise (ver receita na p. 21)
- 2 colheres de sopa cheias de queijo parmesão ralado

PREPARO

Corte o palmito em cubos de 1 cm e reserve. Na frigideira, aqueça 2 colheres de azeite e refogue a cebola e o alho. Acrescente o arroz arbóreo e envolva na gordura. Em seguida, adicione o caldo de legumes pouco a pouco, até atingir o ponto, mexendo sempre delicadamente para não quebrar o grão. Quando o risoto estiver *al dente*, misture o palmito e as ervas de provence, depois acrescente a manteiga e o parmesão e ajuste o sal. Aqueça o óleo em outra frigideira e grelhe o salmão.

MONTAGEM

Em um prato fundo, disponha o risoto, com o salmão grelhado por cima. Finalize com o molho hollandaise sobre o salmão e o restante do azeite. Decore com a ciboulette e ervas a gosto.

BURGER P6 AU FROMAGE ET ÉCHALOTE à Péricles

HAMBÚRGUER P6 COM QUEIJO E CEBOLA ROXA CARAMELIZADA À "PÉRICLES"

INGREDIENTES

- 2 folhas de alface-crespa
- 1 hambúrguer (180 g)
- 1 colher de sopa rasa de manteiga
- 1 colher de sopa de óleo de milho
- Cebola roxa caramelizada
- 1 colher de chá cheia de maionese verde
- 1 pão australiano para hambúrguer
- 2 fatias médias de queijo coalho

MAIONESE VERDE

INGREDIENTES

- 1 dente de alho descascado
- 1 xícara de óleo (girassol, milho ou soja)
- 1 ovo inteiro em temperatura ambiente
- Suco de ½ limão-taiti
- 1 punhado generoso de cheiro-verde
- Sal a gosto

PREPARO (COM MIXER OU LIQUIDIFICADOR)

Bata o ovo, o alho, o sal, o suco de limão, o cheiro-verde e um pouco do óleo. Comece a bater e vá adicionando o restante do óleo em fio fino, devagar, até a maionese ganhar consistência. Quando atingir a textura desejada, pare de bater. Ajuste o sal ou o limão, se necessário, e leve à geladeira por cerca de 30 minutos antes de servir.

CEBOLA ROXA CARAMELIZADA

INGREDIENTES

- 2 cebolas roxas grandes cortadas em fatias finas (meia-lua)
- 2 colheres de sopa de azeite extravirgem
- 1 colher de sopa de açúcar (mascavo ou branco)
- 1 colher de sopa de vinagre balsâmico
- 1 pitada de sal
- 1 pitada de pimenta-preta moída na hora

PREPARO

Aqueça uma frigideira grande em fogo médio-baixo. Adicione o azeite e espere aquecer. Coloque as cebolas fatiadas e uma pitada de sal. Mexa bem. Cozinhe lentamente, mexendo de vez em quando, por cerca de 15 a 20 minutos, até que fiquem bem macias. Quando as cebolas estiverem douradas e começando a grudar no fundo, adicione o açúcar e mexa. Cozinhe por mais alguns minutos, até caramelizar bem. Adicione o vinagre balsâmico e deixe reduzir por 1 a 2 minutos. Ajuste o sal, caso necessário.

BLEND PARA HAMBÚRGUER ARTESANAL

- 300 g de alcatra
- 125 g de acém
- 75 g de gordura de picanha

Moa as carnes ou pique-as com uma faca até que fiquem bem trituradas. Misture-as e separe em porções de 180 g. Modele no formato de hambúrguer e reserve.

SEGREDO PARA ACERTAR O PONTO DA CARNE

CARNE MALPASSADA

Após o cozimento, a carne precisa estar em tom dourado e com aspecto de crocante por fora, além de fria e vermelha por dentro. Para isso, o ideal é que ela seja grelhada a 180 °C, em média, por 6 minutos – dourando cada lado da carne por 3 minutos.

CARNE AO PONTO

A carne ao ponto é grelhada por fora e possui um tom rosado por dentro, sutilmente malpassada, firme por fora e macia por dentro. O ideal é grelhar cada lado da carne por 5 minutos em fogo alto, a 180 °C.

CARNE BEM PASSADA

A carne bem passada é grelhada por dentro e por fora, com coloração marrom por fora, cinza por dentro, e textura firme. Para preparar neste ponto, basta grelhar cada lado por 7 minutos, a depender da espessura e do corte da carne. O importante é saber que, para ficar bem passada, deve ficar mais tempo em fogo alto. Outra dica é finalizar por mais 2 ou 3 minutos em fogo baixo.

PREPARO

Fatie o queijo coalho, corte o pão de hambúrguer ao meio e toste suas superfícies, reserve. Aqueça o óleo e grelhe o hambúrguer até o ponto da sua preferência. Com o hambúrguer ainda na chapa, disponha a fatia de queijo coalho por cima para que derreta.

MONTAGEM

Passe a maionese nas metades do pão. Na parte de baixo, coloque a alface e depois o hambúrguer com o queijo derretido e, por cima, a cebola caramelizada. Cubra com a outra metade do pão. Sirva com batatas fritas (ver receita na p. 65) e uma porção extra de maionese verde.

SPAGHETTI CARBONARA AUX CREVETTES ET BRIE À L'HUILE À LA TRUFFE ET FLEUR DU SEL

à Pocah

ESPAGUETE CARBONARA AO CAMARÃO E BRIE COM AZEITE TRUFADO E FLOR DE SAL À "POCAH"

INGREDIENTES

- 1 colher de chá cheia de alho descascado e picado
- 3 colheres de sopa de azeite de oliva extravirgem
- 1 colher de chá cheia de azeite trufado
- 3 tiras de bacon
- 2 a 3 camarões cinza
- 1 colher de sopa rasa de cebola picada
- 1 colher de chá rasa de ciboulette (cebolinha-francesa) picada
- 1 caixinha de creme de leite
- 1 gema
- 2 camarões-rosa
- 1 prato fundo de espaguete cozido (⅓ do pacote)
- 3 fatias de queijo brie
- ¼ de xícara de vinho branco seco
- Pimenta-preta moída a gosto
- Sal a gosto
- Flor de sal para finalizar

PREPARO

Pique o bacon em pedaços de 1 cm e, na frigideira, frite até que murche, fique dourado e crocante. Corte o queijo brie em cubos de 1 cm. Na frigideira, aqueça o azeite e refogue os camarões cinza, o alho, a cebola e o bacon. Adicione o vinho e deixe evaporar o álcool. Depois adicione o creme de leite e deixe ferver formando um molho homogêneo. Em seguida, acrescente o queijo brie e tempere com sal. Acrescente o espaguete cozido e a gema, salteie tudo. Tempere os camarões-rosa com sal e pimenta e grelhe.

MONTAGEM

Em um prato fundo, disponha o espaguete com o molho e decore com o duo de camarões-rosas entrelaçados. Finalize com flor de sal e o azeite trufado. Decore com a ciboulette picada e brotinhos de ervas a gosto.

ENTRECÔTE GRILLÉE AVEC FRITES

à Ronnie Von

ENTRECÔTE GRELHADO ACOMPANHADO DE FRITAS À "RONNIE VON"

INGREDIENTES

- 1 colher de sobremesa de azeite extravirgem
- 150 g de batata cortada em palitos
- 250 g de bife ancho
- 1 colher de sobremesa rasa de ciboulette (cebolinha-francesa) picada
- 1 colher de sobremesa de óleo de milho
- 2 colheres de sopa cheias de molho béarnaise (ver receita na p. 20)
- Pimenta-preta moída a gosto
- Sal a gosto

PREPARO

Aqueça o óleo e grelhe o entrecôte, temperado com sal e pimenta. O ponto da carne depende da sua preferência (ver p. 82). No óleo aquecido a 180 °C, frite a batata e reserve no papel-toalha para escorrer o excesso de óleo (veja o box da p. 65 com dicas para batatas fritas mais crocantes).

MONTAGEM

Em um prato raso, disponha a carne com o molho béarnaise por cima e a batata frita ao lado. Finalize com azeite e decore com a ciboulette e ervas a gosto.

CRIA
do Morro

GNOCCHI DE BRIE CARBONARA *à Sandra Sá*

INGREDIENTES

- 1 colher de chá cheia de alho descascado e picado
- 2 colheres de sobremesa de azeite extravirgem
- 3 fatias de bacon
- 6 camarões cinza
- 1 colher de sopa de cebola picada
- 1 colher de chá rasa de ciboulette (cebolinha-francesa) picada
- 1 caixinha de creme de leite
- 1 gema
- 2 conchas cheias de nhoque de mandioquinha com brie (ver receita na p. 43)
- 2 conchas grandes cheias de caldo de legumes (ver receita na p. 39)
- 3 colheres de sopa de queijo parmesão ralado
- 3 colheres de sopa de vinho branco seco

PREPARO

Pique uma fatia de bacon em pedaços de 1 cm. Na frigideira, aqueça o azeite e refogue o alho, a cebola, os camarões e o bacon. Flambe com o vinho branco. Acrescente o creme de leite e o caldo de legumes, deixe reduzir até formar o molho, acrescente a gema e deixe cozinhar até ficar homogêneo. Coloque as duas fatias de bacon na chapa, sele os dois lados, depois leve ao forno por 5 minutos e reserve.

MONTAGEM

Em uma caçarola de ferro, disponha o nhoque de mandioquinha com brie de maneira uniforme e coloque o molho formado por cima. Adicione o parmesão ralado por toda superfície e leve a caçarola ao forno preaquecido a 210 °C para gratinar, por aproximadamente 5 minutos. Retire do forno e disponha a caçarola sobre o prato escolhido para servir. Em seguida, coloque as duas fatias de bacon em X sobre o nhoque para decorar. Finalize com a ciboulette e uma erva de sua preferência.

RISOTTO AU CITRON SICILIEN ET CREVETTES *à Tati Zaqui*

RISOTO DE LIMÃO SICILIANO AO CAMARÃO À "TATI ZAQUI"

INGREDIENTES

- 1 colher de sobremesa rasa de alho descascado e picado
- 6 camarões cinza
- 2 colheres de sobremesa rasas de cebola picada
- 1 colher de café cheia de ciboulette (cebolinha-francesa) picada
- 1 colher de sopa cheia de farinha panko
- 1 gema
- 1 limão-siciliano
- 1 colher de sopa de manteiga
- 2 colheres de sobremesa de azeite extravirgem
- 6 colheres de sopa de arroz arbóreo
- 1 concha grande de caldo de legumes (ver receita na p. 39)
- 2 camarões-rosa
- 3 colheres de sopa de queijo parmesão ralado
- 1 colher de sopa de vinho branco seco
- Pimenta-preta moída a gosto
- ⅓ de xícara de óleo de milho
- Sal a gosto
- Óleo suficiente para fritar por imersão

PREPARO

Tempere os camarões-rosa, passe-os na gema e depois na farinha panko, reserve. Em uma frigideira, aqueça o azeite e doure a cebola e o alho, acrescente os camarões cinza e deglaceie com o vinho branco. Raspe a casca do limão, sem chegar na parte branca, e reserve; esprema o suco e adicione na panela. Acrescente o arroz e o caldo de legumes aos poucos, mexendo sempre, até que chegue no ponto desejado. Junte a manteiga e o parmesão ao risoto mexendo rapidamente para obter cremosidade. Tempere com sal e pimenta.

MONTAGEM

Sirva em uma panelinha. Para finalizar, frite os camarões-rosa no óleo por imersão e posicione--os entrelaçados em cima do risoto. Decore com a ciboulette e as raspas de limão.

RAVIOLIS AU BRIE ET AUX ABRICOTS *à Thaila Ayala*

RAVIOLI DE BRIE E DAMASCO À "THAILA AYALA"

INGREDIENTES

- 2 colheres de sobremesa de azeite extravirgem
- 1 colher de sopa de cebola em cubos
- 1 colher de sopa de ciboulette (cebolinha--francesa) picada
- 4 colheres de sopa de creme de leite
- 2 damascos turcos cortados em discos
- 4 colheres de sopa de espumante para cozinhar
- 2 conchas cheias de molho bechamel (ver receita na p. 20)
- 8 raviolis de brie e damasco
- 1 colher de sopa rasa de salsa crespa
- Sal a gosto

RAVIOLI DE BRIE

INGREDIENTES DA MASSA

- 200 g de farinha de trigo
- 2 ovos
- 1 colher de chá de azeite extravirgem
- 1 pitada de sal

PREPARO DA MASSA

Em uma superfície limpa, coloque a farinha em forma de vulcão e adicione os ovos no centro. Misture com um garfo e depois com as mãos, até formar uma massa lisa. Sove por uns 10 minutos. Envolva em filme plástico e deixe descansar por 30 minutos.

INGREDIENTES DO RECHEIO

- 200 g de queijo brie
- 1 colher de sopa de creme de leite fresco
- Noz-moscada ralada a gosto

PREPARO DO RECHEIO

Retire a casca esbranquiçada do brie. Na sequência, corte o queijo em pedaços e amasse com um garfo. Misture o creme de leite e tempere com uma pitada de noz-moscada. Leve à geladeira para firmar um pouco.

PREPARO

Abra a massa bem fina utilizando um rolo. Coloque pequenas porções do recheio com espaçamento entre elas. Cubra com outra tira de massa e pressione ao redor de cada porção para retirar o ar. Corte o ravióli com um cortador ou faca. Cozinhe em água fervente salgada por 2 a 3 minutos (até subirem à superfície). Aqueça o azeite e doure a cebola. Adicione o espumante e deixe evaporar o álcool. Acrescente o molho bechamel e o creme de leite e corrija o sal. Com a massa já cozida, agregue o molho.

MONTAGEM

Coloque a massa num prato fundo, disponha os damascos por cima e decore com a ciboulette, a salsa ou uma pimenta dedo-de-moça.

P6 BURGER GOURMET AUX POIREAUX ET BRIE *à Viih Tube*

HAMBÚRGUER P6 GOURMET AO ALHO-PORÓ E BRIE À "VIIH TUBE"

INGREDIENTES

- 2 folhas de alface-crespa
- 2 colheres de sopa cheias de alho-poró cortado em tiras finas
- 2 fatias de bacon
- 1 hambúrguer bovino caseiro (ver receita na p. 82)
- 1 colher de sopa cheia de ciboulette (cebolinha-francesa) picada
- 1 colher de sobremesa de óleo de milho
- 2 colheres de sopa cheias de maionese verde (ver receita na p. 81)
- 1 pão de hambúrguer brioche
- 2 fatias médias de queijo brie
- Óleo suficiente para fritar por imersão

PREPARO

Corte o pão de hambúrguer ao meio e toste suas superfícies, reserve. Em uma frigideira bem aquecida, grelhe o bacon até ficar crocante, retire e reserve. Na mesma frigideira, grelhe o hambúrguer até o ponto desejado. Com o hambúrguer ainda na grelha, disponha as fatias de queijo brie por cima para que derretam. Aqueça o óleo a 180 °C e frite o alho-poró picado até ficar crocante; coloque em papel-toalha para escorrer o excesso de óleo.

MONTAGEM

Passe a maionese nas metades do pão. Na parte de baixo, coloque a alface e depois o hambúrguer com o queijo derretido. Por cima, coloque o bacon e o alho-poró crispy. Cubra com a outra metade do pão. Sirva com batatas fritas (ver receita na p. 65).

CONCHIGLIONE à Rodrygo Goes

INGREDIENTES

- 1 dente de alho descascado e picado
- 5 fatias de bacon
- 1 colher de sopa de cebola picada
- 1 colher de sopa de ciboulette (cebolinha--francesa) picada
- 1 caixinha de creme de leite
- 1 gema
- 7 conchigliones cozidos
- 1 colher de sopa de azeite
- 7 cubos de queijo brie (10 g cada)
- 2 colheres de sopa de queijo parmesão ralado
- Pimenta-preta moída a gosto
- Sal a gosto

PREPARO

Frite 2 fatias de bacon até ficarem crocantes, pique bem e reserve. Corte as 3 fatias restantes em tirinhas. Aqueça o azeite em uma panela, doure o alho e a cebola, acrescente o bacon em tirinhas e refogue. Depois, coloque o creme de leite e deixe reduzir até formar um molho uniforme. Junte a gema e metade do parmesão, e tempere com sal e pimenta. Em uma panela de ferro ou refratário individual, espalhe o molho obtido, em seguida recheie os conchiglione com os cubos de brie e disponha-os sobre o molho. Acrescente a outra parte do parmesão e leve ao forno para gratinar.

MONTAGEM

Retire a panelinha de ferro do forno, polvilhe o crocante de bacon por cima e finalize com a ciboulette.

PARIS 6

SAUMON ET FETTUCCINE À LA SAUCE PESTO

à Reynaldo Gianecchini

SALMÃO E FETTUCCINE AO MOLHO PESTO À "REYNALDO GIANECCHINI"

INGREDIENTES

- 1 filé de salmão fresco (200 g)
- 1 colher de chá de azeite extravirgem
- Sal e pimenta-preta moída a gosto
- 1 prato fundo de fettuccine cozido (⅓ do pacote)
- 1 abobrinha italiana média
- 1 concha de molho pesto (ver receita na p. 21)

PREPARO

Lave e passe a abobrinha em um mandolin, formando fios; lave na água com gelo e reserve. Aqueça o azeite e grelhe o salmão temperado com sal e pimenta. Salteie a massa já cozida com o molho pesto rapidamente. Não deixe ferver.

MONTAGEM

Em um prato raso, disponha a massa depois de enrolá-la num pegador e por cima coloque os fios de abobrinha. Ao lado, posicione o salmão grelhado. Decore com ervas a gosto ou uma pimenta dedo-de-moça.

FILET DE POULET PARMEGGIANA à Camila Loures

FILÉ DE FRANGO À PARMEGIANA À "CAMILA LOURES"

INGREDIENTES

- ½ xícara de farinha de trigo
- ½ xícara de farinha de rosca
- 1 xícara de leite
- ½ xícara de queijo emmental ralado
- 1 filé de frango (170 g)
- 1 ovo
- 1 xícara de molho de tomate (ver receita na p. 21)
- ½ xícara de molho rôti (ver receita na p. 23)
- 1 colher de sopa de folhas de manjericão
- Óleo suficiente para fritar por imersão
- Pimenta-preta moída a gosto
- Sal a gosto

PREPARO

Abra o peito de frango ao meio passando a faca paralelamente à tábua, e tempere com sal e pimenta. Quebre o ovo e misture ao leite. Passe o filé de frango na farinha de trigo e, em seguida, no ovo e na farinha de rosca. Aqueça o óleo a 180 °C e frite o filé de frango empanado. Leve ao fogo o molho de tomate e o molho rôti, misturando até que fique uniforme. Acrescente o manjericão e corrija o sal.

MONTAGEM

Em um refratário individual, regue o fundo com parte do molho obtido, disponha o filé de frango já frito e cubra com o restante do molho. Finalize com o queijo emmental e leve ao forno preaquecido a 200 °C para gratinar. Sirva com arroz (ver receita na p. 47) e batatas fritas (ver receita na p. 65).

PICADINHO CARIOCA
à Wolf Maya

INGREDIENTES

- 200 g de filé mignon
- 1 colher de sopa de azeite extravirgem
- 1 colher de sopa de cebola picada
- 1 colher de chá de alho descascado e picado
- 1 colher de sopa de ervilha fresca
- 1 colher de sopa de cenoura picada cozida
- ½ xícara de molho rôti (ver receita na p. 23)
- ½ xícara de molho de tomate (ver receita na p. 21)
- 2 colheres de sopa de conhaque
- ½ xícara de arroz cozido
- 1 ovo pochê
- Pimenta-preta moída a gosto
- Sal a gosto

PREPARO

Corte o filé mignon em pequenos cubos, tempere com sal e pimenta, reserve. Aqueça o azeite e doure o alho e a cebola, adicione os cubos de carne e deixe fritar. Em seguida, flambe com o conhaque e deixe evaporar o álcool. Adicione o molho rôti e o molho de tomate, deixe ferver e corrija o sal. Por fim, adicione a cenoura e a ervilha.

COMO PREPARAR OVO POCHÊ

Em uma frigideira, adicione água e 5 colheres de vinagre, e leve a fogo alto. Quando começar a ferver, mexa com uma colher o meio da mistura. Na sequência, quebre o ovo e deixe cozinhar por 4 minutos.

MONTAGEM

Em um prato raso, disponha o arroz e, ao lado, o picadinho. Acomode o ovo pochê sobre o picadinho e sirva acompanhado de farofa e pasteizinhos de queijo.

SOBREMESAS

PARIS 6

GRAND GÂTEAU

A SOBREMESA VERSÁTIL QUE É O ÍCONE DO PARIS 6

RECEITA BASE

MASSA

INGREDIENTES

- 1 colher de sopa de açúcar refinado
- 90 g de chocolate meio amargo
- 1 gema
- 1 colher de chá cheia de manteiga
- 1 ovo

PREPARO

Pique grosseiramente a barra de chocolate. Derreta no micro-ondas (de 30 em 30 segundos, até virar um creme), junte a manteiga, mexa bem, e reserve. Com um *fouet* (batedor de arame), bata o ovo com a gema e o açúcar, até a mistura ficar lisa e clara. Incorpore o chocolate derretido, delicadamente e aos poucos, com o auxílio de uma espátula, e reserve.

PARA DEIXAR SEU GRAND GÂTEAU AINDA MAIS ESPECIAL

PAVÊ DE CHOCOLATE BRANCO

INGREDIENTES

- 1 colher de sopa de amido de milho
- ½ pacote ou 20 biscoitos maizena
- 60 g de chocolate branco (para a ganache)
- 25 g de chocolate branco (para a finalização)
- 1 caixinha de creme de leite
- 1 caixinha de leite condensado
- 1 xícara de leite integral

PREPARO

Pique 60 g de chocolate branco e reserve. Rale os outros 25 g de chocolate branco e reserve. Em uma panela, adicione o leite, o leite condensado, o amido de milho e cozinhe até engrossar. Depois, adicione o chocolate branco picado até derreter. Coloque o creme de leite. Cubra o fundo de um refratário com o creme formado e, por cima, faça uma camada com o biscoito umedecido com leite e depois o chocolate ralado. Monte 2 camadas, finalizando com o creme e as raspas de chocolate por cima. Deixe gelar por no mínimo 2 horas antes de servir.

BRIGADEIRO DE COLHER

INGREDIENTES

- 1 xícara de leite condensado
- 1 colher de sopa de manteiga
- ½ xícara de creme de leite
- ½ xícara de leite
- 1 colher de sopa de chocolate em pó

PREPARO

Junte o leite condensado, a manteiga e o leite e leve ao fogo baixo. Deixe cozinhar, mexendo sempre até dar o ponto de brigadeiro mole. Depois, acrescente o chocolate, mexa até ficar uniforme e por fim, acrescente o creme de leite e deixe ferver. Retire do fogo e deixe esfriar.

MOUSSE DE CHOCOLATE BRANCO

INGREDIENTES

- 3 xícaras de creme de leite gelado
- 3 colheres de sopa de água
- 1 colher de sopa de gelatina em pó incolor
- 1 xícara de chocolate branco

PREPARO

Derreta o chocolate branco no micro-ondas e reserve. Bata o creme de leite em ponto de chantili e depois junte delicadamente ao chocolate derretido. Hidrate a gelatina com a água e aqueça no micro-ondas por 10 segundos. Junte rapidamente à mistura anterior, formando uma mousse leve.

AMÊNDOAS DOCES

INGREDIENTES

- ½ xícara de açúcar refinado
- ½ xícara de amêndoas fatiadas
- ¼ xícara de água filtrada

PREPARO

Em uma panela em fogo alto, disponha as amêndoas e o açúcar e cubra com água. Mexa delicadamente a mistura para envolver as amêndoas no açúcar. Cozinhe até levantar fervura e depois apague o fogo. Deixe descansar na calda até esfriar. Em seguida coe a mistura e asse a 180 °C até que doure levemente.

GRAND GÂTEAU CHOCOLAT AUX MARSHMALLOWS
à Adriane Galisteu

GRAND GÂTEAU DE CHOCOLATE COM MARSHMALLOWS À "ADRIANE GALISTEU"

INGREDIENTES

- 6 colheres de sopa de massa de Grand Gâteau (ver receita na p. 109)
- 80 g de chocolate meio amargo
- 2 colheres de sopa de creme de leite
- 1 porção pequena de mini marshmallow
- 1 picolé de morango
- 5 morangos
- 15 g de amêndoas doces (ver receita na p. 111)
- 1 colher de sopa de leite condensado

PREPARO

Triture as amêndoas doces. Pique o morango e reserve. Junte o creme de leite ao chocolate meio amargo derretido, formando uma ganache. Coloque a massa de Grand Gâteau no ramequim, leve ao forno preaquecido a 200 °C e asse por 12 minutos.

MONTAGEM

Disponha o ramequim com o Grand Gâteau no centro de um prato. Em seguida, ponha o picolé no Grand Gâteau. Disponha os marshmallows por cima e regue com a ganache obtida. Finalize com o morango picado, as amêndoas e o leite condensado.

CHEESECAKE AUX FRUITS ROUGES *à Caroline Azar*

CHEESECAKE DE FRUTAS VERMELHAS À "CAROLINE AZAR"

COBERTURA

INGREDIENTES

- 1 colher de chá cheia de açúcar cristal
- 80 g de chocolate branco
- 2 colheres de sopa de creme de leite
- 1 colher de sobremesa cheia de amora congelada
- 1 colher de sobremesa cheia de mirtilo congelado
- 2 colheres de sobremesa cheias de framboesa congelada
- 1 colher de sobremesa cheia de cobertura de morango
- 3 morangos

PREPARO

Pique o morango e reserve. Derreta no micro-ondas o chocolate branco com o creme de leite e misture até formar uma ganache. Em outro recipiente, misture a amora, o mirtilo, a framboesa e o açúcar. Leve ao fogo baixo até que as frutas descongelem e o açúcar se dissolva. Reserve.

CHEESECAKE

INGREDIENTES

- 2 xícaras de açúcar refinado
- 300g de biscoito maizena
- 1 kg de cream cheese
- 1 xícara de manteiga
- 7 claras

PREPARO

Triture o biscoito maizena até que forme uma farofa. Derreta a manteiga e misture com a farofa de biscoito. Cubra o fundo removível de uma forma de torta com essa farofa e asse a 100 °C por 10 minutos. Na batedeira, bata o cream cheese com o açúcar. Adicione as claras e bata por aproximadamente 15 minutos. Disponha essa mistura sobre a base, já pré-assada, e asse a 90 °C por 2 horas. Depois de assada, reserve na geladeira por aproximadamente 3 horas antes de cortar. Resfriada, corte a cheesecake em 10 pedaços iguais.

MONTAGEM

Risque um prato oval com a cobertura de morango e disponha uma fatia do cheesecake. Cubra a fatia com a ganache e disponha as frutas vermelhas por cima.

BALENCIAGA

TRILOGIE DE CHOCOLAT
à Franciny Ehlke

TRILOGIA DE CHOCOLATE À "FRANCINY EHLKE"

INGREDIENTES

- 6 colheres de sopa de massa de Grand Gâteau (ver receita na p. 109)
- 6 colheres de sopa de pavê de chocolate branco (ver receita na p. 110)
- 6 colheres de sopa de brigadeiro de colher (ver receita na p. 110)
- 12 morangos
- 6 tabletes de chocolate branco (25 g cada)
- 2 colheres de sopa de creme de leite
- 2 colheres de sopa de leite condensado

PREPARO

Ponha a massa do Grand Gâteau numa forminha e asse por 7 minutos a 200 °C. Retire do forno e mexa a massa assada, formando uma espécie de brownie umedecido e reserve. Pique 4 tabletes de chocolate branco, junte ao creme de leite e leve ao micro-ondas para derreter, formando uma ganache. Use os outros 2 tabletes de chocolate para fazer raspas e decorar. Lave os morangos e pique, preservando 2 inteiros para decorar.

MONTAGEM

Em uma taça de sorvete, faça três camadas começando pelo brigadeiro, depois o brownie de Grand Gâteau e por fim o pavê de chocolate branco. Regue com a ganache de chocolate branco. Espalhe os morangos picados e ao centro coloque os morangos inteiros. Polvilhe as raspas de chocolate branco e finalize com o leite condensado. Serve 2 pessoas.

GRAND GÂTEAU À LA CRÈME PAVAGE CHOCOLAT BLANC *à Bárbara Labres*

GRAND GÂTEAU COM CREME PAVAGE DE CHOCOLATE BRANCO À "BÁRBARA LABRES"

INGREDIENTES

- 80 g chocolate branco
- 2 colheres de sobremesa de leite condensado
- 4 a 6 morangos
- 2 colheres de sopa de creme de leite
- 3 colheres de sopa de pavê de chocolate branco (ver receita na p. 110)
- 4 colheres de sopa de massa de Grand Gâteau (ver receita na p. 109)
- 1 picolé de chocolate
- 1 colher de sopa de raspas de chocolate branco

PREPARO

Reserve um morango para a decoração e pique os morangos restantes. Derreta no micro-ondas o chocolate branco com o creme de leite e misture até formar uma ganache. Misture a ganache com o pavê, formando um creme. Coloque metade do creme ganache de pavê na base do ramequim e adicione a massa de Grand Gâteau por cima. Leve ao forno aquecido a 210 °C por 12 minutos.

MONTAGEM

Retire do forno e disponha o ramequim com o Grand Gâteau no centro de um prato. Em seguida posicione o picolé ao meio e despeje o restante do creme de pavê por cima. Finalize com o morango picado, as raspas de chocolate branco e o leite condensado. Decore com o morango inteiro.

MOUSSE AUX FRAISES SANS SUCRE *à Bella Falconi*

MOUSSE DE MORANGOS ZERO AÇÚCAR À "BELLA FALCONI"

INGREDIENTES

- 2 xícaras de creme de leite fresco
- 1 pote de iogurte natural
- 1 colher de chá de gelatina sabor morango diet
- 1 sachê de adoçante

PREPARO

Bata o creme de leite até o ponto de chantili, junte o iogurte e o adoçante e bata um pouco mais. Hidrate a gelatina e dissolva por 10 segundos no micro-ondas, junte a gelatina à mistura da batedeira e bata novamente até que fique homogêneo. Leve para geladeira por 2 horas. Serve 4 pessoas.

MONTAGEM

INGREDIENTES

- 5 colheres de sopa cheias de mousse de morango
- 1 colher de sopa cheia de calda de morango zero açúcar (da sua preferência)
- 1 morango

Corte o morango em leque, reserve.

Em uma taça de sobremesa, disponha a mousse e por cima a calda. Finalize com o morango.

MILLE-FEUILLE DE BRIGADEIRO ROSÉ *à Boca Rosa*

MIL-FOLHAS DE BRIGADEIRO ROSA À "BOCA ROSA"

INGREDIENTES

- 80 g de massa folhada
- 1 caixinha de leite condensado
- 3 gotas de corante comestível pink
- ½ xícara de creme de leite
- 3 colheres de sopa de açúcar refinado
- 2 claras
- 1 colher de sopa de cobertura de morango

PREPARO

BRIGADEIRO ROSA

Leve o leite condensado ao fogo baixo, mexendo sempre para não grudar até dar o ponto de brigadeiro mole. Acrescente 2 gotas do corante rosa pink e mexa até ficar uniforme. Depois, acrescente o creme de leite e finalize o ponto de brigadeiro.

MERENGUE

Misture as claras com o açúcar. Bata ligeiramente até dar o ponto de merengue. Acrescente 1 gota de corante e deixe bater até que fique uniforme.

MASSA FOLHADA

Estique a massa folhada numa assadeira e faça furos com o auxílio de um garfo. Leve ao forno preaquecido a 170 °C por 25 minutos. Verifique se está crocante, se necessário, deixe assar mais um pouco. Reserve.

MONTAGEM

Corte a massa folhada em retângulos de 7 cm por 10 cm. Disponha um deles sobre um prato, espalhe o brigadeiro por cima e cubra com outro retângulo de massa. Faça mais uma camada de brigadeiro e massa, e finalize com o merengue.

PERFUMARIA I LOVE P
PERFUMARIA I

BRIGADEIRO BRÛLÉE AU LAIT NINHO à Gabriella Saraivah

BRIGADEIRO BRÛLÉE AO LEITE NINHO À "GABRIELLA SARAIVAH"

INGREDIENTES

- 8 morangos picados
- 1 colher de sopa de leite condensado
- 1 colher de sopa de leite Ninho em pó
- 1 picolé de chocolate

BRIGADEIRO DE LEITE NINHO

INGREDIENTES

- 1 caixinha de leite condensado
- 2 colheres de leite Ninho em pó
- 1 colher de chá de manteiga sem sal
- 3 colheres de sopa de creme de leite

PREPARO

Junte o leite condensado e a manteiga e leve em fogo baixo para cozinhar, mexendo sempre. Quando der ponto de brigadeiro, acrescente o creme de leite e o leite Ninho em pó e deixe cozinhar até ficar no ponto de brigadeiro mole.

GANACHE

INGREDIENTES

- 50 g de chocolate meio amargo
- 1 colher de chá de manteiga sem sal
- 2 colheres de sopa de creme de leite

PREPARO

Junte todos os ingredientes e leve ao micro-ondas para derreter, formando uma ganache uniforme.

BRÛLÉE

INGREDIENTES

- 8 morangos picados
- 1 colher de sopa de leite condensado
- 1 colher de sopa de açúcar cristal
- 1 colher de sopa de leite em pó
- 1 picolé de chocolate

PREPARO

Disponha o brigadeiro de leite Ninho em uma assadeira individual canelada para brûlée. Espalhe bem o açúcar cristal e queime com um maçarico ou com uma colher aquecida na boca do fogão.

MONTAGEM

Regue toda a superfície da assadeira com a ganache de chocolate e encaixe o picolé. Depois, espalhe os morangos por cima. Polvilhe leite Ninho sobre tudo e finalize com leite condensado.

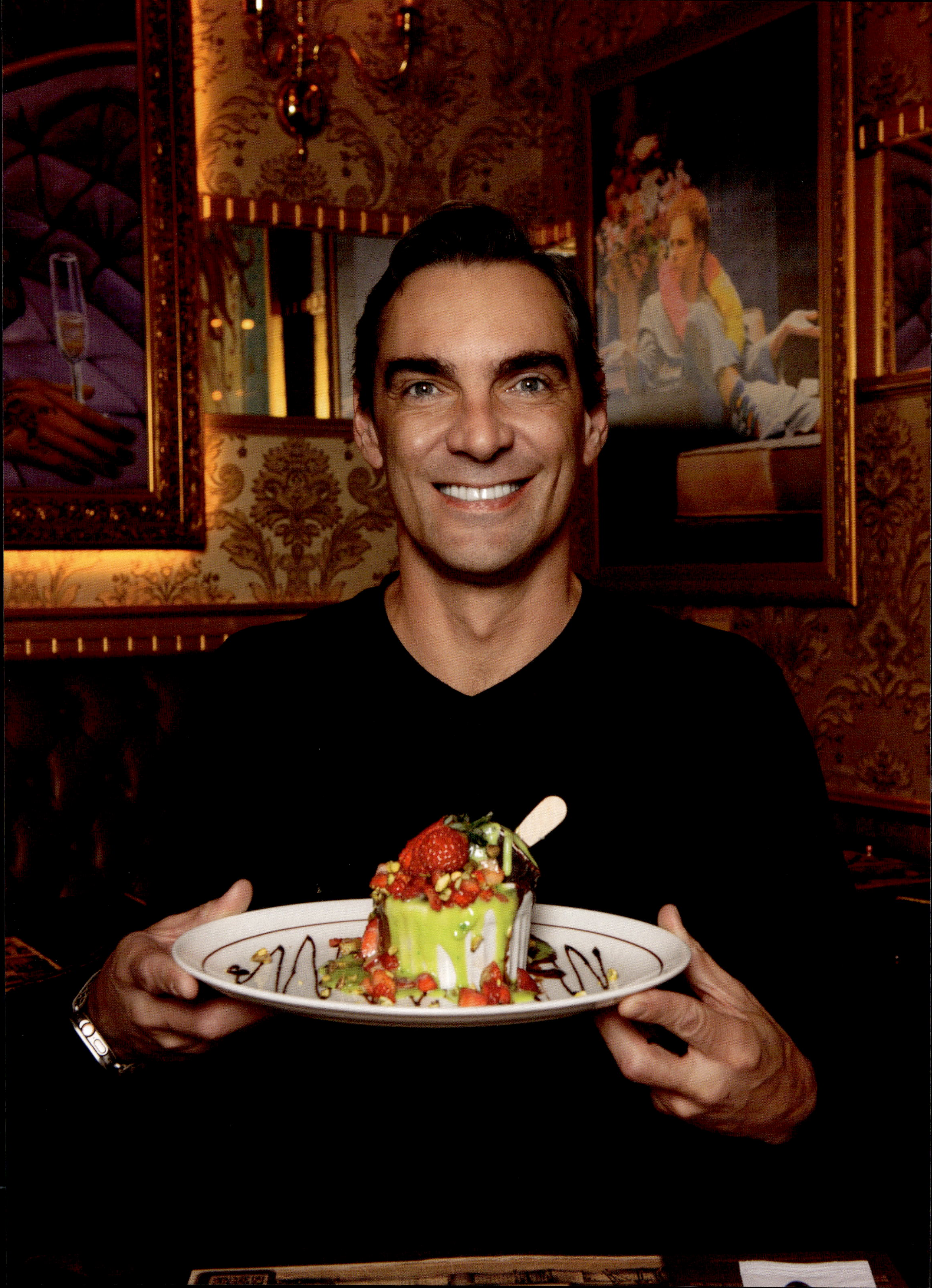

GRAND GÂTEAU DUBAI à Giba

INGREDIENTES

- 80 g de chocolate branco
- 2 colheres de sopa de creme de leite
- 20 g de pasta de pistache
- 6 colheres de sopa rasas de massa de Grand Gâteau
- 1 picolé de baunilha
- 4 morangos picados
- 2 colheres de sopa cheias de pistache picado
- 1 morango inteiro cortado em formato de leque
- Cobertura de caramelo

PREPARO

Derreta o chocolate branco no micro-ondas e misture com o creme de leite e a pasta de pistache, até formar um creme homogêneo. Reserve. Coloque a massa do Grand Gâteau em um ramequim e leve ao forno preaquecido a 200 °C por 12 minutos.

MONTAGEM

Risque um prato raso utilizando a cobertura de caramelo. Retire a massa de Grand Gâteu do forno e disponha sobre o prato. Finque o picolé ao centro. Disponha a ganache de pistache em volta do picolé, coloque os morangos picados por cima, polvilhe o pistache picado e finalize com o morango cortado em leque.

FONDUE AU CHOCOLAT DANS LA BRIOCHE
à Carol Macedo

FONDUE DE CHOCOLATE NO BRIOCHE À "CAROL MACEDO"

INGREDIENTES

- 1 pitada de canela em pó
- 1 colher de café rasa de açúcar de confeiteiro
- 1 kiwi
- ½ manga
- 1 colher de sobremesa cheia de mel de terroir
- 10 morangos
- 90 g de chocolate meio amargo
- 1 caixinha de creme de leite
- 2 colheres de sopa rasas de doce de leite
- 1 pão brioche (em formato quadrado)

PREPARO

Reserve 2 colheres de sopa do creme de leite. Misture o restante com o doce de leite e bata com o auxílio de um *fouet* (batedor de arame) até formar uma calda, reserve. Aqueça no micro-ondas o chocolate meio amargo com o creme de leite reservado até que derreta e forme uma ganache, reserve. Corte o topo do pão brioche mantendo seu formato quadrado. Com uma faca, corte a parte de dentro de modo a deixar as bordas com 1,5 cm de espessura. Retire o miolo. Corte o miolo e o topo do brioche em cubos grandes. Regue os cubos com mel e leve ao forno a 200 °C por 2 minutos. Retire do forno e polvilhe o açúcar de confeiteiro e a canela em pó.

MONTAGEM

Leve o brioche preparado ao forno a 200 °C por 3 minutos. Enquanto isso, corte a manga e o kiwi em cubos médios. Remova os talos dos morangos e corte-os ao meio. Aqueça a ganache de chocolate e coloque dentro do brioche. Sirva o creme com as frutas, os croûtons doces e a calda de doce de leite.

GRAND GÂTEAU AU POT
à Cinthia Cruz

GRAND GÂTEAU NO POTE À "CINTHIA CRUZ"

INGREDIENTES

- 1 bola de sorvete baunilha
- 3 colheres de sobremesa rasas de leite condensado
- 4 colheres de sopa cheias de leite em pó
- 6 morangos
- 4 nozes sem casca
- 2 colheres de sopa rasas de doce de leite
- 2 colheres de sopa de creme de leite
- 6 colheres de sopa rasas de massa de Grand Gâteau (ver receita na p. 109)

PREPARO

Triture as nozes. Corte 2 morangos em leque, pique o restante e reserve. Bata com o auxílio de um *fouet* (batedor de arame) o doce de leite com o creme de leite até formar uma calda e reserve. Coloque a massa de Grand Gâteau em uma panela de ferro e leve ao forno preaquecido a 200 °C por 9 minutos.

MONTAGEM

Coloque a calda de doce de leite sobre o Grand Gâteau assado e, em seguida, espalhe os morangos picados e as nozes trituradas por cima. Acrescente a bola de sorvete no centro da panela. Polvilhe o leite em pó e finalize com o leite condensado. Decore com os morangos cortados em leque por cima.

GRAND GÂTEAU AU CHOCOLAT BLANC HERSHEY'S ET FRAISES *à Fabiana Karla*

GRAND GÂTEAU DE CHOCOLATE BRANCO HERSHEY'S E MORANGOS À "FABIANA KARLA"

INGREDIENTES

- 6 colheres de sopa cheias de massa de Grand Gâteau (ver receita na p. 109)
- 80 g de chocolate branco Hershey's
- 2 colheres de sopa cheias de creme de leite
- 1 picolé de morango
- 1 porção pequena de amêndoas doces (ver receita na p. 111)
- 5 morangos
- 1 colher de sopa de leite condensado

PREPARO

Pique o morango, triture as amêndoas doces e reserve os itens separadamente. Derreta no micro-ondas o chocolate branco com o creme de leite e misture até formar uma ganache, reserve. Coloque a massa de Grand Gâteau no ramequim, e leve ao forno preaquecido a 200 °C por 12 minutos.

MONTAGEM

Disponha o ramequim com o Grand Gâteau no centro de um prato. Finque o picolé no Grand Gâteau e regue com a ganache obtida. Finalize com as amêndoas trituradas, o morango picado e o leite condensado.

GRAND GÂTEAU AU POT *à Flávia Charallo*

GRAND GÂTEAU NO POTE À "FLÁVIA CHARALLO"

INGREDIENTES

- 1 bola de sorvete de baunilha
- 2 tabletes de chocolate branco (50 g cada)
- 2 colheres de sobremesa de leite condensado
- 2 colheres de sopa de creme de leite
- 4 colheres de sobremesa cheias de pavê de chocolate branco (ver receita na p. 110)
- 5 colheres de sopa rasas de massa de Grand Gâteau (ver receita na p. 109)
- 8 uvas sem semente

PREPARO

Aqueça no micro-ondas 1 tablete de chocolate com o creme de leite até que derreta e forme uma ganache, reserve. Prepare raspas com o outro tablete e reserve. Coloque a massa do Grand Gâteau em uma caçarola de ferro e leve ao forno preaquecido a 210 °C. Asse por 8 minutos. Junte o pavê com a ganache branca e misture com a metade das uvas picadas, formando um creme.

MONTAGEM

Retire o Grand Gâteau do forno, disponha em um prato raso e cubra com 4 colheres de sopa do creme de pavê. Disponha a outra parte das uvas por cima do creme e ao centro uma bola de sorvete. Finalize com as raspas de chocolate branco e o leite condensado.

GRAND GÂTEAU À LA GANACHE AUX FRAISES à Isadora Pompeo

GRAND GÂTEAU COM GANACHE DE MORANGO À "ISADORA POMPEO"

INGREDIENTES

- 4 tabletes de chocolate Hershey's cristal
- 80 g de chocolate branco
- 2 colheres de sobremesa de leite condensado
- 4 morangos para o creme
- 1 colher de sopa de raspas de chocolate branco
- 4 morangos picados
- 6 colheres de sopa rasa de massa de Grand Gâteau (ver receita na p. 109)
- 1 picolé de creme romano

PREPARO

Derreta o chocolate branco no micro-ondas e bata com 4 morangos no liquidificador, formando um creme. Pique 1 dos tabletes de chocolate meio amargo Hershey's e deixe o restante para decorar (conforme a foto). Coloque a massa do Grand Gâteau em um ramequim e leve ao forno preaquecido a 200 °C por 12 minutos.

MONTAGEM

Retire do forno e finque o picolé. Encaixe os tabletes reservados no lado contrário do palito de picolé. Disponha o creme de morango em volta do picolé, coloque os morangos picados por cima, polvilhe as raspas de chocolate branco e finalize com leite condensado.

Juliana

GRAND GÂTEAU AU OURO BRANCO
à Juliana Paiva

GRAND GÂTEAU DE OURO BRANCO À "JULIANA PAIVA"

INGREDIENTES

- 2 bombons Ouro Branco
- 1 colher de sobremesa de cobertura de chocolate (da sua preferência)
- 5 morangos
- 50 g de chocolate meio amargo
- 50 g de chocolate branco
- 4 colheres de sopa cheias de creme de leite
- 6 colheres de sopa cheias de massa de Grand Gâteau (ver receita na p. 109)
- 1 picolé de chocolate holandês

PREPARO

Pique o morango e um bombom Ouro Branco. Reserve um bombom cortado ao meio para decoração. Derreta no micro-ondas o chocolate meio amargo com 2 colheres de sopa de creme de leite e misture até formar uma ganache, reserve. Faça o mesmo processo com o chocolate branco com 2 colheres de creme de leite e reserve. Coloque a massa de Grand Gâteau no ramequim e leve ao forno preaquecido a 200 °C por 12 minutos.

MONTAGEM

Risque um prato raso com a cobertura de chocolate e disponha o ramequim com o Grand Gâteau no centro. Em seguida posicione o picolé no meio do Grand Gâteau e despeje a ganache de chocolate branco por cima. Espalhe o morango picado e o bombom picado por cima. Finalize com a ganache de chocolate meio amargo por cima e decore com o bombom cortado ao meio.

PROFILTEROLES AU DULCE DE LECHE à Lexa

INGREDIENTES

- 2 profiteroles
- 2 bolas de sorvete de alfajor de doce de leite
- 2 colheres de sopa rasas de doce de leite
- 2 colheres de sopa rasas de creme de leite
- 1 colher de sobremesa rasa de cobertura de chocolate (da sua preferência)
- 3 morangos

PROFITEROLES

INGREDIENTES

- 2 xícaras de farinha de trigo
- 3 colheres de sopa cheias de açúcar refinado
- ½ xícara de leite integral
- 2 colheres de sopa cheias de manteiga sem sal
- 3 ovos
- 1 xícara de água filtrada

PREPARO

Em uma panela, adicione a água, o leite, a manteiga e o açúcar e leve ao fogo médio, mexendo constantemente. Adicione a farinha e continue mexendo, sempre em fogo médio, até desgrudar do fundo da panela. Leve essa mistura para a batedeira e bata na velocidade média. Enquanto bate, adicione os ovos um a um até formar uma mistura lisa, brilhante e homogênea. Disponha a massa pronta em um saco de confeitar com o bico pitanga e modele os profiteroles em uma assadeira forrada com papel-manteiga. Asse a 180 °C por aproximadamente 25 minutos. Reserve os profiteroles em temperatura ambiente até esfriarem.

PREPARO

Pique os morangos e reserve. Misture o doce de leite ao creme de leite até formar uma calda uniforme e reserve. Corte os profiteroles ao meio e leve ao forno preaquecido a 200 °C por 2 minutos para aquecer a massa.

MONTAGEM

Disponha a base dos profiteroles em um prato raso, adicione a bola de sorvete e cubra com o topo dos profiteroles. Finalize com a calda de doce de leite aquecida por cima. Em volta, coloque os morangos picados.

Creme Brûlée
Petit Gateau
PROFITEROLES
GRAND GATEAU
&
Millefeuille
Tarte Tatin

GRAND GÂTEAU AU CHOCOLAT CARAMEL'N'SALT *à Matheus e Kauan*

GRAND GÂTEAU DE CHOCOLATE E CARAMELO SALGADO À "MATHEUS E KAUAN"

INGREDIENTES

- 5 tabletes de Hershey's caramelo
- 1 colher de café rasa de flor de sal
- 2 colheres de sobremesa de leite condensado
- 2 colheres de sopa rasas de doce de leite
- 2 colheres de creme de leite
- 6 colheres de sopa rasas de massa Grand Gâteau (ver receita na p. 109)
- 1 picolé de doce de leite

PREPARO

Bata com o auxílio de um *fouet* (batedor de arame) o doce de leite com o creme de leite até formar uma calda e reserve. Misture metade da flor de sal à massa do Grand Gâteau, leve ao forno preaquecido a 210 °C e deixe assar por 12 minutos.

MONTAGEM

Retire o Grand Gâteau do forno e disponha o ramequim em um prato raso. Finque o picolé no Grand Gâteau, depois pique o chocolate, deixando dois tabletes para decoração. Misture o chocolate picado à ganache de doce de leite e então cubra o Grand Gâteau. Finque as duas barrinhas reservadas no Grand Gâteau ao lado contrário do picolé. Finalize com a outra parte da flor de sal e o leite condensado.

PARIS

GRAND GÂTEAU CHOCOLAT NUTELLA à Paloma Bernardi

GRAND GÂTEAU DE CHOCOLATE COM NUTELLA À "PALOMA BERNARDI"

INGREDIENTES

- 1 xícara de massa de Grand Gâteau (ver receita na p. 109)
- 3 colheres de sopa de creme de leite
- 3 colheres de sopa de Nutella
- ⅓ de lata de leite condensado
- 6 morangos
- 1 colher de sopa de avelãs
- 1 picolé de chocolate
- 1 colher de chá de cobertura de chocolate (da sua preferência)
- 1 colher de sopa de leite condensado

PREPARO

Em fogo baixo, leve o leite condensado e o creme de leite para cozinhar até adquirir uma textura densa. Retire do fogo e adicione a Nutella. Utilizando um *fouet* (batedor de arame), mexa até formar uma calda uniforme e reserve. Triture as avelãs, pique os morangos e reserve. Coloque a massa de Grand Gâteau em um ramequim e leve ao forno preaquecido a 200 °C por 12 minutos.

MONTAGEM

Risque um prato raso com a cobertura de chocolate e disponha o ramequim com o Grand Gâteau no centro. Em seguida, acrescente o picolé ao meio do Grand Gâteau e despeje a calda de Nutella por cima. Finalize com os morangos picados, as avelãs trituradas e o leite condensado.

MILLE-FEUILLE D'AMOUR
à Priscila Fantin

MIL-FOLHAS DE AMOR À "PRISCILA FANTIN"

INGREDIENTES

- 1 colher de sobremesa rasa de cobertura de caramelo ou morango (da sua preferência)
- 4 colheres de sobremesa rasas de leite em pó
- 80 g de massa folhada
- 80 g de chocolate branco
- 2 colheres de sopa de creme de leite
- 7 morangos picados
- 4 colheres de sopa rasas de pavê de chocolate branco (ver receita na p. 110)
- 10 amêndoas doces (ver receita na p. 111)

PREPARO

Derreta no micro-ondas o chocolate branco com o creme de leite e misture até formar uma ganache. Reserve. Estique a massa folhada numa assadeira e faça furos com o auxílio de um garfo. Leve ao forno preaquecido a 170 °C por 25 minutos. Verifique se está crocante, se necessário, deixe assar mais um pouco. Reserve.

MONTAGEM

Risque um prato raso com a cobertura de caramelo ou de morango. Corte a massa folhada em retângulos de 7 cm por 10 cm. Disponha um deles sobre o prato e intercale o recheio de pavê, conforme a foto. Na última camada cubra o mil-folhas com a ganache de chocolate branco e os morangos picados. Finalize com o leite em pó e as amêndoas doces.

GRAND GÂTEAU AU POT
à Projota

GRAND GÂTEAU NO POTE À "PROJOTA"

INGREDIENTES

- 1 bola de sorvete de baunilha
- 2 biscoitos maizena
- 1 chocolate Kit Kat
- 2 colheres de sobremesa de leite condensado
- 2 colheres de sobremesa de leite integral
- 5 morangos
- 80 g de chocolate meio amargo
- 2 colheres de sopa de creme de leite
- 6 colheres de sopa rasas de massa de Grand Gâteau (ver receita na p. 109)

PREPARO

Derreta no micro-ondas o chocolate meio amargo com o creme de leite e misture até formar uma ganache. Divida o Kit Kat ao meio e pique uma parte. Reserve a outra parte composta de 2 barrinhas. Em uma caçarola de ferro, disponha a massa de Grand Gâteau e leve ao forno a 200 °C por 10 minutos. Tire o Grand Gâteau do forno. Molhe os biscoitos no leite e misture a ganache. Cubra todo o Grand Gâteau com essa ganache.

MONTAGEM

Ponha a bola de sorvete ao centro, sobre o Grand Gâteau e espalhe os morangos e o Kit Kat picado ao redor. Apoie as 2 barrinhas de Kit Kat inteiras no sorvete, decore com 1 morango inteiro e finalize com o leite condensado.

GRAND GÂTEAU AU PAVÊ AU HERSHEY'S BLANC à Yanna Lavigne

GRAND GÂTEAU DE PAVÊ COM HERSHEY'S BRANCO À "YANNA LAVIGNE"

INGREDIENTES

- 1 colher de chá de cobertura de chocolate (da sua preferência)
- 1 colher de sopa de leite condensado
- 6 morangos
- 5 colheres de sopa cheias de pavê chocolate branco (ver receita na p. 110)
- 80 g de chocolate branco
- 4 colheres de sopa cheias de creme de leite
- 6 colheres de sopa cheias de massa de Grand Gâteau (ver receita na p. 109)
- 1 picolé de creme romano

PREPARO

Reserve 1 morango para decoração e pique os demais. Derreta no micro-ondas o chocolate branco com o creme de leite e misture até formar uma ganache, reserve. Coloque o pavê de chocolate branco na base do ramequim e cubra com a massa de Grand Gâteau. Leve ao forno preaquecido a 200 °C para assar por 12 minutos.

MONTAGEM

Risque um prato raso com a cobertura de chocolate e disponha o ramequim com o Grand Gâteau no centro. Em seguida acrescente o picolé no meio do Grand Gâteau e despeje a ganache por cima. Coloque pedaços de pavê ao redor do picolé. Finalize com o morango picado, o leite condensado e o morango inteiro. Sirva em seguida.

GRAND GÂTEAU AU M&M'S
à Tiago Abravanel

GRAND GÂTEAU COM M&M'S À "TIAGO ABRAVANEL"

INGREDIENTES

- 1 colher de sopa de leite condensado
- 2 paçocas rolha
- 1 colher de sopa cheia de doce de leite
- 1 colher de sopa cheia de creme de leite
- 6 colheres de sopa cheias de massa de Grand Gâteau (ver receita na p. 109)
- 1 picolé de chocolate
- Confeitos M&M'S de amendoim a gosto

PREPARO

Misture o creme de leite com o doce de leite batendo com o auxílio de um *fouet* (batedor de arame) até formar uma calda, reserve. Coloque a massa do Grand Gâteau no ramequim e leve ao forno preaquecido a 200 °C por 12 minutos. Acrescente 1 paçoca esfarelada ao centro da massa.

MONTAGEM

Disponha o ramequim com o Grand Gâteau no centro de um prato raso. Finque o picolé e regue com a calda de doce de leite. Finalize com os confeitos, a outra paçoca esfarelada e o leite condensado.

GRAND GÂTEAU CHOCOLAT & PAÇOCA
à Tom Cavalcante

GRAND GÂTEAU COM CHOCOLATE E PAÇOCA À "TOM CAVALCANTE"

INGREDIENTES

- 6 colheres de sopa cheias de massa Grand Gâteau (ver receita na p. 109)
- 80 g de chocolate meio amargo
- 2 colheres de sopa cheias de creme de leite
- 2 paçocas rolha
- 1 picolé de pistache
- 1 colher de sopa de castanha de caju picada
- 1 colher de sopa de leite condensado
- 1 colher de sobremesa de cobertura de chocolate

PREPARO

Derreta no micro-ondas o chocolate meio amargo com o creme de leite e misture até formar uma ganache, reserve. Coloque a massa de Grand Gâteau em um ramequim, adicione a castanha de caju picada e uma paçoca esfarelada dentro da massa e leve ao forno preaquecido a 200 °C por 12 minutos.

MONTAGEM

Risque um prato raso com a cobertura de chocolate e disponha o ramequim com o Grand Gâteau no centro do prato. Finque o picolé ao centro e regue com a ganache. Finalize com a outra paçoca esfarelada e o leite condensado.

JIM BEAM
BOURBON